Konzentrationstraining für Kinder: Vom Zappelphilipp zum Konzentrationsprofi

Wie dein Grundschulkind mit praktischen Tipps und spielerischen Übungen spürbar konzentrierter ist!

Vanessa Seidel

Konzentrationstraining für Kinder:
Vom Zappelphilipp zum Konzentrationsprofi

Wie dein Grundschulkind mit praktischen Tipps und spielerischen Übungen spürbar konzentrierter ist!

Inhalt

Vorwort

Dieser Ratgeber setzt sich mit dem Thema Konzentration bei Grundschulkindern auseinander. *Vom Zappelphilipp zum Konzentrationsprofi* eignet sich besonders für Eltern, die Hilfen und Lösungen suchen, um ihre Kinder optimal bei den Hausaufgaben zu unterstützen. Das vorrangige Ziel ist dabei im Normalfall die ordentliche und vollständige Erledigung der Hausaufgaben. Ist dir allerdings Folgendes bekannt?

Dein Kind kann stundenlang einer Tätigkeit nachgehen, die ihm gefällt, aber sobald es um die Hausaufgaben geht, gibt es Streit, weil die Konzentration und die Bereitschaft zur Erledigung der Aufgaben nach wenigen Minuten erloschen sind? Dann wird dir dieser Ratgeber mit hilfreichen Tipps und Tricks ein nützliches Mittel sein.

Konzentrationsschwierigkeiten können sich jedoch auf den gesamten Schulalltag erstrecken, die Schnittstellen sind fließend und werden in diesem Buch ebenso aufgegriffen und behandelt. Häufig leiden die schulischen Leistungen deines Kindes insgesamt unter dem Konzentrationsproblem. Als Elternteil erhältst du hier Unterstützung für die Arbeit mit deinem Kind zu Hause.

Im Vordergrund steht die Bewältigung des zugrunde liegenden Problems. Dieses wird zunächst beleuchtet und unter verschiedenen Aspekten und Gesichtspunkten dargestellt. Du bekommst aber auch Informationen zu ganz unterschiedlichen Bereichen, die jedoch alle im Zusammenhang mit Konzentrationsproblemen bei Grundschulkindern stehen können.

Dieser Ratgeber möchte besonders jüngere Kinder unterstützen, ist aber in den wesentlichen Bereichen auch auf andere Altersgruppen und sogar Erwachsene übertragbar. Das Werk soll eine ganzheitliche Lösung sowie die Möglichkeit des Verständnisses und der Bewältigung der einzelnen Problempunkte bieten. Nicht selten leidet das gesamte Familienleben und die häusliche Harmonie unter den Konzentrationsschwierigkeiten eines Kindes. Es kommt häufig, letztendlich sogar täglich zu Streit und Diskussionen, wenn es um die Hausaufgaben, Klausurvorbereitungen und ähnliche Dinge geht. Bevor dein Kind und du resignieren, ist es sinnvoll, rechtzeitig Hilfen aus unterschiedlichen Bereichen anzubieten, um die Konzentration zu fördern, welche als Ursache für alle anderen nac.hfolgenden Schwierigkeiten anzusehen ist. In der Folge wird sich die Situation in allen Lebensbereichen verbessern, und zwar nicht nur für dein Kind, sondern auch für dich als Elternteil lassen sich dauerhafte Veränderungen erzielen. Die Eltern-Kind-Beziehung wird gestärkt, was von essenzieller Bedeutung für die Entwicklung des Kindes ist.

Noch ein paar Worte zu mir: Mein Name ist Vanessa Seidel und ich wurde 1981 in Bamberg geboren, wo ich heute mit meinen drei Kindern und meinem Mann lebe. Nachdem unsere jüngste Tochter 2016 nach der Schuleinführung massive Probleme hatte, den geforderten Stand zu halten, wollte ich ihr unbedingt helfen! Wir begaben uns zusammen auf die Suche und erforschten die Ursache des Konzentrationsproblems. Schnell stellten wir fest, dass es nicht die „eine Sache" - beispielsweise spezielle Übungsblätter - gibt, mit der sich die Konzentration plötzlich optimieren lässt. Was erstmal wie eine schlechte Nachricht klingt, ist in Wahrheit ein Segen: Ein ganzheitlicher Ansatz des Konzentrationstrainings wirkt sich auf alle Bereiche des Lebens positiv aus und packt das Problem direkt an seinen Wurzeln! Diese Wurzeln erkläre ich dir in diesem kleinen Ratgeber praxisnah zusammen mit einigen einige spielerischen Möglichkeiten des Konzentrationstrainings. Du wirst sehen, dass es einfache Maßnahmen sind, die eine große Wirkung entfalten können. Ich wünsche dir viel Spaß beim Lesen und gute Erfolge!

1

Konzentrationsprobleme erkennen und einordnen

1.1 Was bedeutet Konzentration?

Was ist eigentlich Konzentration und was braucht man überhaupt dafür? Meistens wird der Begriff im Alltag nicht hinterfragt; ebenso wenig, welche Voraussetzungen denn vorliegen müssen, um sich überhaupt konzentrieren zu können.

Begriffserläuterung

Das Wort Konzentration steht für ein zielgerichtetes Bündeln seiner Gedanken (Aufmerksamkeit) auf eine bestimmte Tätigkeit, z. B. das Lernen. Bei der Konzentration sollen die Gedanken auf eine Sache fokussiert werden und solange dort verweilen, um sich mit dieser Sache und den damit zusammenhängenden Faktoren bewusst auseinandersetzen. Sobald die Gedanken auf die Sache gerichtet sind, kann man diese weiter verknüpfen und Dinge erfassen. Das Bündeln der Gedanken bezeichnet man auch als Aufmerksamkeit. Der Mensch konzentriert sich also. Die Konzentration ist ein willentlicher Vorgang. Konzentrationsprobleme entstehen immer dann, wenn das Bündeln der Gedanken aus unterschiedlichen Gründen gestört ist oder von außen gestört wird. Das Kind oder derjenige, der versucht sich zu konzentrieren, lässt sich leicht ablenken.

Erforderliche Fähigkeiten, um sich zu konzentrieren

Die Fähigkeit zur Konzentration ist nicht automatisch von Geburt an vorhanden. Die Konzentrationsfähigkeit wird erlernt und kann im gesamten Lauf des Lebens verbessert und sogar gezielt trainiert werden.

Schon nach der Geburt ist unser Gehirn in der Lage, Sinne zu verarbeiten. Ein Baby oder Kleinkind richtet seine Aufmerksamkeit auf eine Sinneswahrnehmung, die durch einen Reiz wie Sehen, Hören, Riechen, Schmecken oder Tasten ausgelöst wird. Das Baby tut dies aus Interesse und lernt damit Dinge einzuordnen, zu fokussieren und sich grundlegend zu konzentrieren. Im Gehirn sind verschiedene Bereiche für die Wahrnehmung und Verarbeitung der unterschiedlichen Sinne aktiv. Das Zusammenspiel dieser Bereiche wird in den ersten Lebensmonaten erprobt und verfeinert. In der frühkindlichen Entwicklung kann es hier sogar noch zu Überschneidungen und Fehlverarbeitungen kommen, sodass plötzlich ein akustischer Reiz geschmeckt wird, um hier nur ein Beispiel zu nennen. Diese Fehlleitungen verschwinden in der frühkindlichen Lebensphase, da sich das Gehirn auch physisch schnell weiterentwickelt, und die richtigen neuronalen Verbindungen herstellt. Diese Tatsache stellt auch den Grund dafür dar, dass wir uns an sehr frühe Lebensphasen im Regelfall nicht bewusst erinnern können, ganz gleich, wie sehr wir unsere Aufmerksamkeit auf eine Sache gerichtet haben. Auch die Erinnerung resultiert aus der Fähigkeit, sich auf etwas konzentrieren und es wahrnehmen zu können. Sie ist eine nachträgliche Verarbeitung von Reizen. Die Konzentration und Aufmerksamkeit sind somit der Erinnerung ein zwingend vorausgehender Schritt. Daraus lässt sich schließen, dass wir ein Grundvermögen an Konzentration in den ersten Lebensjahren ganz automatisch erlernen.

Kognitive Entwicklung und motorisches Zusammenspiel

Den meisten Menschen ist die Bedeutung der Verbindung von motorischen und feinmotorischen Reizen mit der Entwicklung des Gehirns und der Konzentrationsfähigkeit nicht bewusst. Die Gliedmaßen werden nicht nur vom Gehirn gesteuert, sondern beeinflussen die gezielte Bewegung des Gehirns und dessen neuronale Verbindungsfähigkeit maßgeblich. Für die menschliche Entwicklung ist es wichtig, dass das Kind die einzelnen Entwicklungsstadien durchläuft. Dies beginnt bereits beim visuellen Fokussieren und Greifen von Gegenständen, geht weiter über das Krabbeln bis hin zum aufrechten Gang. Die Koordination von Bewegungen und die Verarbeitung von Reizen sowie das Richten der Aufmerksamkeit auf einen bestimmten Punkt stehen immer im Zusammenhang. Ein einfaches Beispiel stellt das Abschreiben oder Übertragen eines Tafelbildes dar. Hier muss die Graphomotorik im Zusammenspiel mit der Auge-Hand-Koordination stehen. Das Kind muss in der Lage sein, den Fokus der Aufmerksamkeit auf den

Punkt an der Tafel zu richten, wo es gerade war, und die Augen dementsprechend zu bewegen. Anschließend wird der Aufmerksamkeitsfokus wieder auf das eigene Papier gelenkt. Das vorher Gesehene wird aus den Gedanken in Etappen abgerufen und graphomotorisch, also handschriftlich, übertragen. An diesem Beispiel zeigt sich schon, wie komplex die einzelnen Fähigkeiten sein müssen, die mit der Konzentration im Zusammenhang stehen. Fällt hier eine Komponente weg oder ist mangelhaft ausgeprägt, entstehen Konzentrationsprobleme.

Konzentrationsunterschiede

Wir lernen nicht alle gleich. Menschen haben unterschiedliche Wege, Reize und Informationen zu verarbeiten. Manche Menschen können sich sehr gut Zahlen merken, die sie einmal gesehen haben, andere erinnern sich an jedes gesprochene Wort und wieder andere verbinden einen Geruch mit einer Erinnerung. Woran liegt das? Nicht alle Sinne sind gleich stark ausgeprägt, in der Entwicklung wählen die meisten Menschen unbewusst Strategien, die für sie am schnellsten funktionieren. Das Gehirn verbessert die genutzten Funktionen und schafft sehr viele neuronale Verknüpfungen in diesen Bereichen. Daraus wiederum entstehen unterschiedliche Lerntypen.

Lerntypen

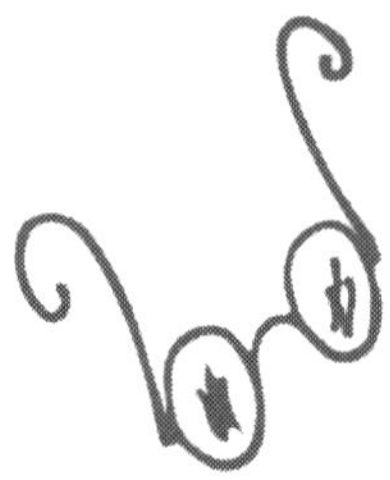

- *Visuell:* Dieser Lerntyp verarbeitet bevorzugt gesehene Reize im Gehirn. Alles, was bildhaft vorliegt, kann schnell abgespeichert werden. Er profitiert sehr von farblichen Differenzierungen und Hervorhebungen, Bildern zu Texten und gezeigten Darstellungen, wie etwa

Videos und Kurzfilmen. Die Lerninhalte sollten in Abschnitte strukturiert und durch schnell sichtbare Unterschiede gekennzeichnet sein.

- 
  Auditiv: Der auditive Lerntyp verarbeitet gehörte Reize im Gehirn schnell und bevorzugt. Alles, was akustisch wiedergegeben wird, kann schnell abgespeichert werden. Er profitiert von Hörbüchern und vorgelesenen Texten, wie auch selbst vorgesprochenen Ausarbeitungen, zum Beispiel für Referate. Auch das Abfragen bestimmter Teile und das gemeinsame Lernen in einem Gespräch fördern die Konzentration und das spätere Abrufen der Lerninhalte.
- 
  Haptisch: Der haptische Lerntyp kann alle Dinge bevorzugt verarbeiten, die er am Körper fühlt und vorzugsweise ertasten bzw. anfassen kann. Alles, was selbst in die Hand genommen wird, kann schnell abgespeichert werden. Dieser Lerntyp profitiert von der Möglichkeit, Dinge zu bauen und selbst zu erstellen, jedoch fließt hier die Graphomotorik als sehr wichtiger Punkt mit ein. Die Lerninhalte sollten für den haptischen Typ wortwörtlich greifbar sein und aufgeschrieben werden, denn durch das Aufschreiben entstehen gefühlte Reize, die sich später leicht abrufen lassen.
- *Olfaktorisch:* Dieser Lerntyp kann alles gut abspeichern, was er mit einem Geruch verbindet. Gerüche verknüpfen die Eindrücke im Gehirn. Dieser Lerntyp profitiert von

besonderen Geruchsnuancen, die in seiner Umgebung vorhanden sind. Die Verwendung bestimmter Duftstoffe beim Lernen kann hier sehr hilfreich sein. Zu verschiedenen Themen sollten dabei auch verschiedene Nuancen eingesetzt werden. Wichtig ist, dass die Gerüche als angenehm wahrgenommen werden.

- 
Gustatorisch: Der gustatorische Lerntyp verbindet die Reize und Eindrücke mit einem Geschmack. Die Geschmackssinne werden bevorzugt wahrgenommen und abgespeichert. Dieser Lerntyp profitiert von Geschmackserlebnissen, um Sachen zu erinnern. Der Einsatz von schmackhaften Dingen unterschiedlicher Art ist hier sinnvoll, wenn es nicht immer ein Snack beim Lernen sein soll, können auch Kaugummi oder Wasser mit Aroma hilfreiche Mittel sein.
- 
Emotional: Der emotionale Lerntyp verbindet mit den gespeicherten Informationen eine Emotion, also ein psychisches Gefühl. Grundsätzlich kann jedes Gefühl die Wahrnehmung fokussieren, jedoch ist aus verschiedenen Aspekten die Arbeit mit positiven Erlebnissen anzustreben. Angst und Trauer verursachen das Abriegeln bestimmter Gehirnareale, daher behindern sie das emotionale Lernen hier auf andere Weise. Der Spaß beim Lernen steht bei diesem Lerntyp somit im Vordergrund.

Im Regelfall ist es so, dass das menschliche Gehirn nicht nur einen Typ besonders ausprägt, sodass es die zuvor genannten reinen

Lerntypen nur selten gibt. Normalerweise verbinden sich bestimmte Reizverarbeitungen bevorzugt, sodass sich gemischte Lerntypen ergeben. So kann zum Beispiel ein visuell-auditiver Lerntyp entstehen, der gesehene und gehörte Reize optimal verarbeiten kann und seine Konzentration darauf richten. Diese Tatsache ist ein großer Vorteil, denn dadurch lassen sich für die einzelnen Lerntypen ganz unterschiedliche Fördermöglichkeiten und Unterstützungen zur Verfügung stellen. Im Gegenzug lassen sich Störfaktoren, die die Aufmerksamkeit fehlleiten und damit die Konzentration stören, beseitigen.

1.2 Konzentrationsdiebe

Konzentrationsdiebe sind vielfältig, sie rauben uns die Konzentration und sind manchmal auf den ersten Blick nicht gleich erkennbar. Sie können ganz einfach sein, aber auch sehr komplex oder in einem Zusammenspiel mehrerer Faktoren auftreten. In der folgenden Auflistung werden die häufigsten Konzentrationsdiebe einmal näher beleuchtet. Wie man sich effektiv und dauerhaft von ihnen befreien kann sowie welche Maßnahmen einen nachhaltigen Erfolg haben, erfährst du detailliert im zweiten Kapitel.

Arbeitsverhalten und Motivation

Das Arbeitsverhalten und die Herangehensweise an eine Aufgabe stellen oft eine Herausforderung dar. Fehlt die Antwort auf die Frage: „Wie soll ich es machen?“, kann eine Tätigkeit nicht zufriedenstellend ausgeführt werden. Dies fängt insbesondere bei jüngeren Schülern der Grundschulklassen häufig bereits bei den einfachsten Dingen an. Das Kind muss wissen, wie es eine Aufgabe sinnvoll und vor allem zeitsparend sowie zielgerichtet erledigen kann. Um das zu gewährleisten, müssen Strategien und Hilfen angeboten werden. Auch kann man beispielhaft Herangehensweisen aufzeigen und letztendlich miteinander erarbeiten. Später kennt das Kind die eigenen Strategien, die sich bewährt haben und greift sie eigenständig auf. Es kann jedoch nicht vorausgesetzt werden, dass ein Kind selbst sinnvolle Strategien finden und diese auch umsetzen kann. Es ist auf die Unterstützung der Lehrer und Eltern angewiesen.

Die Motivation spielt für die Herangehensweise eine ebenso große Rolle. Motivation stellt die Bereitschaft dar, eine Tätigkeit anzufangen und bis zu ihrem Ende durchzuführen. Die mangelnde oder auch nicht vorhandene Motivation ist ein sehr hartnäckiger Konzentrationsdieb. Fehlt die Antwort auf „Warum soll ich es machen?“, kann keine Motivation vorhanden sein. Manchmal kommt das Kind auch zu der Annahme, die Erledigung der Hausaufgaben sei aus verschiedenen Gründen ohnehin sinnlos. Das Kind braucht einen guten Grund, um diese Bereitschaft, im besten Fall letztendlich Leidenschaft, für die Bearbeitung der Hausaufgaben zu entwickeln. Die Motivation geht der Konzentration voraus. Hat das Kind keine Motivation, kann es keine Konzentration erlangen, da eine Grundlage nicht erfüllt ist. Damit die Motivation erlangt wird, braucht es individuelle Herangehensweisen, da hier die Persönlichkeit eine große Rolle spielt. Die Erprobung verschiedener

Techniken erweist sich als sinnvoll, welche auf die Individualität des Kindes abgestimmt sind. Du als Elternteil kennst dein Kind sehr gut und kannst daher schnell beurteilen, welche Motivationstechniken für dein Kind erfolgversprechend sein können. Gemeinsam probiert ihr aus, was am besten funktioniert.

Umgebung

Die Umgebung kann einen Konzentrationsdieb aus ganz verschiedenen Gesichtspunkten ausmachen. Viele Aspekte werden erst mal gar nicht unbedingt erkannt oder als solche angesehen. Die Umgebung selbst kann ablenkend sein, entweder durch das, was um das Kind herum passiert oder durch die Dinge, die um den Arbeitsplatz herum vorhanden sind. Eine unruhige Umgebung kann einem Grundschulkind die komplette Konzentration rauben, das müssen nicht mal direkte Störungen bei der Erledigung der Aufgaben sein, sondern können auch allgemeine Faktoren sein, wie das Familienleben, das sich um das Kind herum abspielt. Sind viele Reize neben der eigentlichen Arbeit vorhanden, mit denen sich das Kind gerade auseinandersetzen kann und eventuell auch viel lieber auseinandersetzen möchte, ist die Konzentration sehr schnell weg. Es existiert viel mehr eine Fehllenkung der Konzentration auf andere Dinge. Die Umgebung schließt weitere Faktoren wie Telefonate oder Signaltöne des elterlichen Handys mit ein. Auch Kälte, Wärme, Gerüche sowie unbequeme Arbeitspositionen können einen Konzentrationsdieb darstellen, wenn die Bedingungen nicht optimal sind. Oft ist es für dich als Elternteil schwierig, die störenden Faktoren der Umgebung allesamt zu erfassen. Auch hier gilt wieder gemeinsam auszuprobieren, was hilfreich ist und schrittweise zu verändern oder anzupassen. Wenn du dein Kind an den Verbesserungsvorschlägen beteiligst, könnt ihr wahrscheinlich sehr schnell Lösungen finden, die sich dauerhaft umsetzen lassen.

Gesundheit

Die Gesundheit und das Befinden des Kindes stellen einen weiteren Konzentrationsdieb dar, wenn diese nicht in Balance sind. Fühlt sich ein Kind nicht wohl und hat gesundheitliche Einschränkungen, die körperlicher und auch psychischer Art sein können, kann es sich in der Folge nicht konzentrieren. Gesundheitliche Faktoren sind sehr komplex, daher werden sie nachfolgend in Kategorien unterteilt dargestellt.

Ernährung

Die Ernährung wirkt sich auf die gesamte Verfassung des Kindes aus. Insbesondere in der menschlichen Entwicklung spielt die Nahrung eine gewichtige Rolle, die nicht unterschätzt werden sollte. Das Kind unterliegt ständigen Veränderungen und das Gehirn muss sich an diese anpassen. Da die Konzentrationsfähigkeit durch kognitive Prozesse funktioniert, ist die optimale Entwicklung von Körper und Geist eine zwingende Voraussetzung, um sich konzentrieren zu können. Durch die Ernährung lassen sich diese Abläufe signifikant unterstützen. In der Nahrung sind Nährstoffe in unterschiedlicher Ausprägung enthalten. Bekannt ist, dass bestimmte Nährstoffe in ausreichender Menge gebraucht werden, um die Körperfunktionen zu gewährleisten. Eiweiß wird für den Muskelaufbau und die Regeneration des Gewebes benötigt, wie auch zur Zellerneuerung. Kohlenhydrate dienen dem Energiestoffwechsel und sind als schnelle Einfachzucker und Mehrfachzucker in der Nahrung vorhanden, was deren Verarbeitung beeinflusst. Fett wird vor allem für die Einlagerung und Verwertung der fettlöslichen Vitamine und der Verarbeitung von Hormonen benötigt. Außerdem spielen Fette auch im Wärmehaushalt eine Rolle.

Bei Kindern ist daher besonders darauf zu achten, dass in bestimmten Phasen und unter besonderen Anforderungen von Leistungen diverse Bedürfnisse deutlich erhöht sind. Die notwendigen Nährstoffe sollten in ausreichender Menge vorliegen und durch eine ausgewogene Nahrung, die über sämtliche der Nährstoffgruppen verfügt, aufgenommen werden. Manche Substanzen können vom Körper gut gespeichert werden, während andere täglich aufgenommen werden müssen. Fettlösliche Vitamine lassen sich im Körper länger einlagern, bei wasserlöslichen Vitaminen und vielen Mineralstoffen besteht ein täglicher Bedarf, da der Überschuss nicht gespeichert werden kann und sofort wieder ausgeschieden wird.

Im Gegensatz zu einer optimalen Nährstoffaufnahme steht das Essen von ungesunden Lebensmitteln und Inhaltsstoffen, die durch das Überangebot letztendlich schädlich sein können. In den Industrieländern ist durch die Schnelllebigkeit die Bewusstheit zu gesundem Essen in den letzten Jahren immer weiter gesunken. Die Kinder orientieren sich an den Erwachsenen als Vorbilder, welche häufig auch nicht wissen, welche Nahrungsmittel gesund sind und welche man lieber meiden, in Maßen oder in sehr geringem Umfang konsumieren sollte. Industriell verarbeitete Lebensmittel und Fertiggerichte sollten gemieden werden. Eine einseitige Ernährung ist ebenso nachteilig. Sie verursacht das Fehlen bestimmter Nährstoffe, während von anderen ein Überangebot vorhanden sein kann, dass sich schädlich auf den Körper und die damit verbundenen Prozesse auswirkt. Weiterhin bietet Essen und Nahrungsaufnahme eine Möglichkeit, sozial miteinander zu interagieren und Dinge in der Familie und rund um den Alltag zu besprechen. Diese Tatsache lässt sich in bestimmten Situationen positiv nutzen und mit anderen Vorteilen kombinieren, sodass aus einer geregelten Mahlzeit und Nahrungsaufnahme vielfach profitiert werden kann.

Schlaf

Schlaf spielt als Konzentrationsdieb eine entscheidende Rolle. Dieser Aspekt wird von vielen Menschen nicht so ernst genommen, ist aber von essenzieller Bedeutung. Zu wenig Schlaf und Erholung sorgen dafür, dass das Gehirn auf verschiedene Weisen nicht richtig arbeiten kann. Es kommt zu Ausfällen und hier insbesondere zu Konzentrationsschwierigkeiten. Auch die Merkfähigkeit ist nachhaltig beeinträchtigt. Da die Konzentration direkt von der Gehirnleistung abhängt, gibt es hier einen eindeutigen Zusammenhang. Im Schlaf regeneriert sich der gesamte Organismus des Menschen. Eindrücke des Tages werden verarbeitet, Heilungsprozesse und der Ausbau von neuronalen Verbindungen laufen während des Schlafes auf Hochtouren. Träume lassen das Geschehene und Dinge, mit denen der Mensch gerade beschäftigt ist, verarbeiten. Aspekte, an die man vor dem Schlafen denkt, kommen häufig in Träumen vor. Dinge aus dem Kurzzeitgedächtnis werden im Schlaf in das Langzeitgedächtnis gespeichert, sofern sie als erinnerungswert beurteilt werden. Insbesondere bei Kindern finden die Wachstums- und Entwicklungsprozesse während der Schlafenszeit statt, bei ihnen ist das Schlafbedürfnis deshalb in Entwicklungsphasen höher ausgeprägt. Es gibt verschiedene Empfehlungen zum Schlafverhalten und sogar Regeln für eine gesunde Schlafhygiene. Für einen heilsamen Schlaf spielen weitere Aspekte eine Rolle, wie das Verhalten vor dem Schlafengehen und das Bett bzw. die Matratze, die in die Schlafgesundheit mit einfließen.

Stress

Stress ist ein Konzentrationsdieb, da unter Stress bestimmte Funktionen des Körpers nicht vollständig funktionieren können, betroffen sind auch hier vor allem kognitive Prozesse. Das Gehirn fokussiert sich nur auf einen Punkt oder Sachverhalt, die die jeweilige Person stresst und blendet andere Aspekte nahezu komplett aus. Unter Stress ist eine Weiterentwicklung nur sehr schwer möglich.

Es gibt jedoch sehr unterschiedliche Formen von Stress. Mediziner sprechen zum Beispiel auch nach Operationen oder Verletzungen von Aspekten, die den Organismus stressen. Das wiederum hängt damit zusammen, dass Rezeptoren die Aufmerksamkeit (hier unbewusst) auf die im Körper stattfindenden Prozesse lenken. Ein einfaches Beispiel sind die Schmerzrezeptoren. Dass ein Mensch unter Schmerzen gestresst ist, ist für die meisten nachvollziehbar, da sie die Erfahrung bereits gemacht haben und wissen, wie schwer es ist, sich auf etwas anderes als den Schmerz zu konzentrieren. Leidet man unter schmerzbedingten Schmerzen, kann infolge keine oder nur sehr wenig und sehr kurze Konzentration aufgebaut werden. Hier spricht man in der Regel von akutem Stress. Stress entsteht phasenweise und lässt dann nach, wenn die Ursache behoben werden kann.

Chronischer Stress entsteht durch chronische Krankheiten und äußere Zustände, die immer wieder auftreten oder sich nicht einfach beseitigen lassen. Zu den Faktoren zählen etliche Aspekte, die diese Chronifizierung auslösen. Oft ist es schwierig diese Zusammenhänge als Elternteil zu erkennen. Letztendlich helfen nur die Beobachtung deines Kindes und das vertrauensvolle Gespräch, um die Auslöser, die man unter Umständen selbst nicht mitbekommen kann, zu erfahren.

Treten akute Stresssituationen immer wieder auf, sind sie auch als chronisch einzuordnen. Die Folgen von dauerhaftem Stress sind für Kinder verheerend, unter bestimmten Voraussetzungen können daraus sogar Krankheiten wie beispielsweise Burn-out entstehen.

Bei Stress spielen mehrere Faktoren eine Rolle, die letztendlich zusammenfließen. Wichtig ist: Um Stresssituationen aufzulösen musst du als Elternteil immer auf den ursächlichen Faktor schauen. Die Ursache zu beheben, ist die einzige Möglichkeit, den Stress als Konzentrationsdieb auszuschalten. Wie das funktioniert und was du gegen direkte Stressfaktoren tun kannst, erfährst du im zweiten Kapitel unter Punkt 2.5 ff.

Krankheiten

Wie schon unter dem Punkt Stress erwähnt, sind Krankheiten ein Konzentrationsdieb, da sie die kognitive Leistung direkt oder indirekt beeinträchtigen. Akute Krankheiten können kurzfristig so schlimm sein, dass jegliche Versuche, sich zu konzentrieren, fehlschlagen. Selbst bei einer akuten Erkältung können Kopfschmerzen und Abgeschlagenheit dazu führen, dass das Kind sich nicht mehr konzentrieren kann. Das Schlafbedürfnis ist in diesem Fall ebenso signifikant erhöht. Kommt eine erhöhte Temperatur oder Fieber hinzu, ist das Gehirn und der Körper auf eine vollständige Erholung angewiesen, es entstehen unter Umständen sogar Fehlwahrnehmungen. Akute Krankheiten beeinträchtigen die Konzentration kurzfristig und teilweise intensiv.

Chronische Krankheiten oder Beeinträchtigungen können ein langfristiger Konzentrationsdieb sein. Das ist nicht immer sofort erkennbar und wird damit überhaupt nicht in Verbindung damit gebracht. Es gibt zwar eine gewisse Toleranzentwicklung, gerade bei Kindern, jedoch ist diese Toleranz nicht in allen Bereichen und nicht bei jeder Erkrankung übertragbar. Hier muss man die Grundsituation und das einzelne Krankheitsbild mit den sich daraus ergebenden Einschränkungen immer gesondert betrachten und in die Überlegungen einbeziehen.

Ein Beispiel stellt die Legasthenie oder auch die Lese-Rechtschreibschwäche (die Unterscheidung ist an dieser Stelle nicht relevant, da es hier um die Auswirkungen von Konzentrationsdieben geht) dar. Das Kind soll eine Hausaufgabe erstellen und dabei die relevanten Inhalte aus einem Text im Schulbuch erschließen und Aufgaben daraus erarbeiten. Der Konzentrationsdieb ist in diesem Fall die Legasthenie selbst, da das Kind die Konzentration in vollem Umfang in das Entziffern der Texte investieren muss. Bei diesem Schritt gehen bereits sehr viele inhaltliche Informationen am Kind vorbei, die nicht aufgenommen werden können. Das umfangreiche Verständnis des Textes und der Aufgaben an sich ist bereits nicht gegeben, wie auch das Durchhaltevermögen, um jetzt noch etwas aus diesem Text erarbeiten zu können. Das Kind selbst ist bestrebt, jedoch wird es ab einem bestimmten Punkt durch die Einschränkung nicht mehr eigenständig in der Lage sein, diese auszugleichen und zu kompensieren. Es kommt hier zu einem generellen Leistungsabfall und in der Folge bei anhaltender Problematik zu Erschöpfungszuständen. Das Kind ist in diesem Beispiel auf angemessene Hilfen angewiesen, natürlich abgestuft und angepasst auf die individuelle Einschränkung und Ausprägung, um die Konzentration auf die relevanten Inhalte lenken zu können. Dieses Szenario lässt sich sinngemäß jedoch auf viele andere chronische Erkrankungsgeschehen übertragen. Erforderlich ist ein großes Verständnis für die Situation des Kindes und ein Blick auf dessen Sicht und dessen Empfinden. Chronische Krankheiten als Konzentrationsdieb stellen eine Herausforderung dar, da dauerhafte und nützliche Hilfsmittel gefunden und etabliert werden müssen, um dem Kind nachhaltig zu helfen.

Mangelnde Bewegung

Warum ist mangelnde Bewegung ein Konzentrationsdieb? Ich möchte dir zunächst zeigen, was Bewegung bewirkt. Fehlt diese, fehlt auch der positive Effekt.

Bewegung regt den Stoffwechsel an und baut die Muskulatur auf. Bei der Entwicklung der Kinder unterstützt sie den Erwerb des Gleichgewichtssinns und der koordinierten Motorik. Das Herz wird gestärkt sowie das gesamte Kreislaufsystem. Bewegung regt aber auch die Ausschüttung bestimmter Hormone an. Diese Hormone arbeiten im Gehirn an wichtigen Prozessen. Es geht hier insbesondere um Glückshormone und Stresshormone. Unter Bewegung wird Adrenalin und Cortisol zu einem wichtigen Faktor, denn beide lösen eine gewollte(!) Stresssituation aus. Nach der Aktivität flacht der Stresszustand ab und es werden Hormone wie Dopamin und Serotonin ausgeschüttet. Sie sorgen für Entspannung, Glücks- und Wohlgefühl. Außerdem werden während der Aktivität Endorphine freigesetzt und bewirken Schmerzlinderung im ganzen Körper, auch noch Stunden nach dem Sport.

Der Hormonhaushalt lässt sich durch regelmäßige Bewegung langfristig regulieren. Ausreichende Bewegung sorgt zudem dafür, dass die Symptome der Erschöpfung nachlassen, wie etwa frühe Ermüdung. Im Gegenzug ist bei mangelnder Bewegung die Zunahme von Erschöpfungssymptomen ein unregelmäßiger Hormonhaushalt und unter Umständen die Ausprägung chronischer Schmerzen und natürlich anderer körperlicher Nachteile zu erwarten. All diese Aspekte wirken sich in der Folge negativ auf die Konzentrationsfähigkeit aus. Es ist nicht unbedingt erforderlich, das Kind eine bestimmte Sportart ausüben zu lassen. Auch ein leichtes Maß an Bewegung während des Spielens ist hilfreich, wenn die Bewegung regelmäßig und ausreichend stattfinden kann.

Entwicklungsschübe

Dein Kind entwickelt sich laufend weiter und das ist sehr gut! Kindliche Entwicklungsprozesse fordern den Kindern jedoch unter Umständen phasenweise einiges ab. Es kann zu Situationen kommen, in denen der Körper verbunden mit dem Gehirn mit den neuen Umständen voll beschäftigt ist. Das Gehirn muss in dieser Zeit neue Verknüpfungen in besonders hohem Maße herstellen. Unter Umständen kann sich dadurch das ganze Denken des Kindes verändern und es werden neue Schlussfolgerungen gezogen. Manche Kinder haben sogar stunden- oder sogar tageweise Schmerzen in den Gliedmaßen. Ein Konzentrationsdieb kann ein Entwicklungsschub demnach durchaus sein. Verschiedene Faktoren treffen aufeinander und können das kognitive Geschehen für eine gewisse Zeit deutlich durcheinanderbringen. Auch gibt es durch diesen Prozess andere Beeinträchtigungen, die eine Zeit lang Körper und Kognition stressen können. Daher ist es wichtig, das eigene Kind genau zu beobachten und zu wissen, was gerade in der Entwicklung passiert. Stellst du eine plötzliche Verschlechterung der Konzentrationsfähigkeit fest, kann es in ein paar Tagen oder Wochen nach Ende des Entwicklungsschubes bereits behoben sein und dein Kind kehrt zu seiner vorigen, gewohnten Arbeitsweise zurück.

Lebensumstände/-situationen

Lebensumstände und besondere Situationen im Leben eines Kindes wirken sich entweder positiv oder negativ auf die Persönlichkeit und die Psyche eines Kindes aus. In vielen Fällen stellen besondere Lebensumstände auch einen Konzentrationsdieb dar. Es ist zu unterscheiden, ob es sich um kurzfristige Veränderungen handelt oder um langfristige Bedingungen, die auf das Kind einwirken. Letztendlich ist auch der Faktor wichtig, ob es sich um eine positive oder eine negative Einwirkung handelt. Maßgeblich entscheidend ist, wie du als Elternteil auf die Situation deines Kindes reagieren kannst. Akute negative Situationen stellen beispielsweise Verluste dar. Ein Familienmitglied oder Haustier verstirbt, das kann für die Kinder sehr einschneidend sein und es ist nicht immer klar ersichtlich, wie lange dieser Verarbeitungsprozess dauert. Hier kommt es natürlich auch auf die Verbindung des Kindes mit der jeweiligen Person oder dem Haustier, welches in vielen Fällen auch als Familienmitglied anzusehen ist, an. Langfristige Lebensumstände begründen sich oft aus der gesamten Familiensituation und dem Leben aller Familienmitglieder. Auch eine Trennung der Eltern ist ein dauerhaft einschneidendes Erlebnis für das Kind, egal wie einvernehmlich oder koordiniert diese stattfindet. Für das Kind stellt die Trennung einen Verlust dar, die Eltern leben nicht mehr zusammen und ein Elternteil, der vorher immer da war, ist dann nur noch sporadisch greifbar. Das Kind sucht selbstständig nach Lösungswegen. Es versucht, die neue Situation einzuordnen und Strategien für sich zu finden. Dies kann ein langwieriger und schwieriger Prozess sein. Da das kognitive Geschehen auf diese bedeutsamen Ereignisse gerichtet ist, kann sich das Kind nicht mehr oder nur sehr lückenhaft auf die Hausaufgaben konzentrieren und so entsteht ein weiterer Konzentrationsdieb. Wichtig ist, das gemeinsame Gespräch zu suchen, um den Konzentrationsdieb zu erkennen. Es kann für dich unter Umständen zunächst schwierig sein, diese Gespräche zu führen und Zugang zu deinem Kind zu erhalten. Häufig ist es so, dass das Kind versucht, die Dinge selbst zu lösen, das ist auch wiederum von der Situation abhängig. Wenn du als Elternteil selbst besonders betroffen bist, merkt dein Kind das und versucht, die Belastung für dich zu vermeiden. Stress und Streit bei den Hausaufgaben würden die Situation nachteilig beeinflussen.

Versagensängste

Versagensängste sind ein Konzentrationsdieb. Sie werden durch verschiedene Erfahrungen hervorgerufen und behindern das freie Denken und die Kognition.

Die (negative) Wirkung von Druck und Zwang

Nicht selten schimpfen Eltern aus Verzweiflung mit dem eigenen Kind und zwingen es letztendlich dazu, die Hausaufgaben zu erledigen. Denn diese müssen ja gemacht werden, da sonst noch weitere Nachteile entstehen und das Kind in der Schule überhaupt nicht mehr mithalten kann, da wichtige Inhalte fehlen oder Fähigkeiten nicht geübt wurden. Das ist verständlich. Jedoch wirkt sich negativer Druck als enormer Stressfaktor auf das Kind aus und die Konzentration ist nicht mehr gegeben. Es kommt ebenfalls zu einer Verschlechterung des Eltern-Kind-Verhältnisses. Druck kann durchaus wirken, jedoch in Maßen. Manchmal ist ein sanfter Druck auch nicht falsch, nämlich immer dann, wenn der Hinweis erfolgt, warum etwas passiert oder geschehen sollte und was für Nachteile damit verbunden sind, wenn dies nicht erfolgt. Zwang hingegen führt im Regelfall zu Angst. Es werden Strafen angekündigt und auferlegt, wenn die Aufgabe nicht erledigt wird. Hierbei vergessen Eltern jedoch sehr häufig, auf die eigentlichen Ursachen zu achten, die für die mangelnde Bearbeitung der Hausaufgaben zugrunde zu legen ist.

Resignation und Selbstzweifel

Irgendwann ist die Situation so weit vorangeschritten, dass das Kind sich unsicher fühlt. Es hat für sich selbst ergründet, dass es nicht in der Lage ist, die Hausaufgaben nach den Wünschen von Lehrern und/oder Eltern zu erledigen. Oder es ist durch Vergleiche zu der Annahme gekommen, dass es einfach nicht so gut ist, wie die anderen Kinder. Nicht selten wurde dem Kind auch indirekt vermittelt, dass es etwas nicht kann. Diese Annahmen sind ein fataler Konzentrationsdieb. Sie verursachen schon vor Beginn der Arbeit eine Blockade, die das Kind dazu bringt, nichts mehr zu tun. Es resigniert, weil sich nichts bessert und es überhaupt keinen Sinn ergibt, die Hausaufgaben zu machen. Das Kind zweifelt an seiner eigenen Leistung und den Fähigkeiten, Motivation kann so nicht einstellen. Letztendlich entsteht ein Teufelskreis mit sich selbst, dem Umfeld und der Schule, da eine vorangegangene Situation die nächste beeinflusst. Das Kind braucht positive Erlebnisse, die es zukünftig mit den Hausaufgaben verbinden kann und die Erkenntnis, die gestellten Aufgaben schaffen zu können.

1.3 Krisenbewältigung – Das kleine Sofort-SOS

Jetzt hast du ganz viel zu den Ursachen erfahren, die der Konzentration bei deinem Kind entgegenwirken. In diesem Kapitel erfährst du, wie du bestimmte Methoden einsetzen kannst, die schon nach kurzer Zeit zu einer Verbesserung führen.

Wahrnehmung ist der erste Schritt

Wahrnehmung wird oft unterschätzt. Es soll schnell gehandelt werden, schließlich sind schnelle Ergebnisse und eine Veränderung der Situation wichtig. Das stimmt grundsätzlich. Jedoch ist die Wahrnehmung äußerst wichtig für die weitere Vorgehensweise. Nur Dinge, die ich wahrnehme, kann ich auch wirklich erkennen und entsprechend verändern. Es ist somit wichtig, dass du dein Kind beobachtest und mit ihm sprichst. Durch gezielte Fragen und Gespräche über Situationen und Gegebenheiten findest du heraus, welche Konzentrationsdiebe es bei deinem Kind überhaupt gibt. Bleib also entspannt, es braucht keine Lösung innerhalb eines Tages. Viel wichtiger ist, dass du dauerhaft deinem Kind Hilfen an die Hand geben kannst, die es später selbst umsetzen kann. Bevor du handelst, ist es wichtig, dass du genau weißt, wo überhaupt Handlungsbedarf besteht. Erst danach überlegst du dir deine Herangehensweise. Ebenso essenziell ist es, nicht nur einen Konzentrationsdieb zu kennen, sondern alle. Unter ungünstigen Bedingungen wirken mehrere Umstände zusammen aufeinander ein und beeinflussen sich gegenseitig negativ. Auch hier solltest du dir überlegen, in welcher Reihenfolge du die Dinge verbessern kannst. Du kannst dir aus deinen Erkenntnissen einen Plan erstellen, den du als Grundlage nimmst. In diesen Prozess kannst du dein Kind sogar mit einbeziehen. Es ist hilfreich, wenn das Kind (altersgerecht vermittelt) weiß, dass du ihm helfen möchtest, und vielleicht hat dein Kind sogar Ideen zur Verbesserung, auf die du gar nicht gekommen wärst. Zusätzlich ist es deswegen sinnvoll, da nicht nur du dein Kind reflektierst, sondern dein Kind auch sich selbst genauer wahrnimmt. Es verarbeitet hier die Selbst- und die Fremdwahrnehmung. Das ist ein wichtiger Prozess, der in vielen Situationen im weiteren Verlauf des Lebens gebraucht wird. Sich selbst zu reflektieren und einzuschätzen ist eine wichtige Fähigkeit.

Angemessene Reaktionen

Als Elternteil ist man nicht immer besonnen auf die Situation eingestimmt. Streit und Frust sind bei den Kindern, wie auch bei den Eltern die Folge. Es ist wichtig, gezielt und angemessen auf die einzelnen Gegebenheiten zu reagieren.

So geht's:

- *Ruhig auf die Situation zugehen:* Es ist wichtig, dass du selbst für innere Ruhe sorgst und in diesem Zustand mit deinem Kind interagierst.
- *Übertragungen und ähnliche Situationen finden:* Es gibt bestimmt Situationen, in denen du selbst an solchen oder ähnlichen Punkten gestanden hast und einfach nicht weiterkamst. Mache sie dir bewusst und erzähle sie auch deinem Kind. Erzähle ihm auch, wie du zu einer Lösung gekommen bist und ob du es wieder so machen würdest oder Dinge verändern wollen würdest.
- *Ermutigen:* Zeige deinem Kind, was es schaffen kann. Gib ihm das Gefühl, dass es in der Lage ist, die Dinge auch zu können. Es muss noch keine konkrete Lösung sein, dein Kind soll wissen, dass es das nötige Potenzial mitbringt.
- *Lösungen in Aussicht stellen:* Gib deinem Kind Ideen mit oder sammelt sie zusammen, wie ihr in der jeweiligen Situation Wege finden und gestalten könnt. Dein Kind weiß dann, dass es zu dir kommen kann und dass du ihm sicher helfen wirst.
- *Hilfe anbieten:* Biete in konkreten Situationen deine Unterstützung bei den einzelnen Aufgaben an. Vielleicht klappt es zusammen viel besser?
- *Trost spenden:* Wenn es weiterhin zu Schwierigkeiten kommt, mache dir bewusst, dass das normal ist, aber auch dein Kind vielleicht an allem zweifelt. Tröste es und baue es emotional auf. Motiviere dein Kind und schau dir die Dinge an, die gut geklappt haben. Mache diese Dinge auch deinem Kind deutlich. Es ist wichtig, sich nicht permanent auf einen Mangel zu fokussieren, sondern

auch die Bereiche zu erkennen und anzuerkennen, die wirklich gut klappen. Gemeinsam werdet ihr vermutlich viele dieser Bereiche finden.

Selbstreflexion

Die Fähigkeit auf sich selbst zu schauen und sein eigenes Verhalten in einer Situation zu erkennen und zu analysieren ist nicht allen Menschen gleichermaßen mitgegeben. Es bedarf der Übung solcher Prozesse, da es wichtig ist, wie der Erwachsene sich gegenüber dem Kind verhält und mit dem Kind interagiert. Du hast als Elternteil eine enge Beziehung mit deinem Kind und stehst mit ihm täglich in allen anderen Bereichen in einem sozialen Kontakt. Für dein Kind bist du nicht nur richtunggebend, sondern auch das größte Vorbild. Kinder schauen sich die Dinge und ganz stark auch die Verhaltensweisen von Erwachsenen ab. Je mehr Fähigkeit zur Selbstreflexion du besitzt, desto besser wirkt sich das in mehreren Aspekten aus. Du zeigst deinem Kind eine Möglichkeit, an sich selbst zu arbeiten, seine Stärken zu erkennen, aber auch in Bereichen, wo es selbst den Bedarf sehen kann, noch etwas zu tun. Wichtig ist die eigene Erkenntnis der Situation gerade für dein Kind und die weitere Entwicklung. Ebenso lernst du auch, dich selbst zu kontrollieren sowie dein Verhalten und deine Reaktionen entsprechend anzupassen. Das bewirkt ein gegenseitiges positives Zusammenspiel, wenn es gut funktioniert. Hier ist bereits der Weg das Ziel, da sich die positive Entwicklung von selbst einstellt.

Bewusstheit

Wie bereits vorher erwähnt, ist es wichtig, die Dinge zunächst zu erkennen. Nur wenn ich Situationen wahrnehme und einordnen kann, gibt es die Möglichkeit, etwas zu verändern. Dies gilt übertragen genauso für die Selbstreflexion. Der Elternteil muss sich seines Auftretens, Verhaltens und seiner darauffolgenden Handlungen bewusst sein beziehungsweise sich bewusst werden. Jetzt fragst du dich bestimmt: Wie funktioniert das? Kann ich in der jeweiligen Situation, in der ich doch reagiere, gleichzeitig sehen, wie ich mich verhalte? Die gute Antwort ist: ja, das geht. Wer noch nie damit zu tun hatte, kann diese Dinge üben. Die einfachsten Schritte sind:

- *Überlege, bevor du sprichst:* Das ist der erste Schritt, um möglicherweise nachteilige Verhaltensweisen von mir selbst zu minimieren. Es gibt immer eine Möglichkeit, kurz innezuhalten und sich zu überlegen, was man sagen möchte. Das kann man bei Bedarf auch in dem Gespräch mit dem Kind erwähnen, dass es einer kurzen Überlegung bedarf.
- *Gehe die vergangene Situation im Kopf durch:* Es ist sinnvoll, wenn du dir die bereits vorangegangenen Situationen noch mal anschaust. Je zeitnäher du dabei vorgehst, desto vollständiger ist dein Bild und desto eher kannst du dich erinnern, wie du dich verhalten hast und wie auch dein Kind sich verhalten hat, beziehungsweise auf dein Verhalten reagiert hat.
- *Mache dir einen Plan:* Erstelle für dich einen Plan aus den Erkenntnissen, die du aus jeder Situation ziehst. Je besser vorbereitet du bist, desto besser wird es laufen. Wenn ein Punkt in deinem Plan nicht so funktioniert, wie du es dir

vorgestellt hast, dann probiere einfach andere Varianten in den kommenden Gesprächen und Situationen aus oder ändere den Punkt ganz ab.

- *Setze kleine Schritte und Ziele:* Wichtig ist, dass du immer in kleinen Schritten vorgehst und nicht gleich alles revolutionieren möchtest. Es ist ganz normal, wenn du bei einzelnen Punkten anfängst, diese reflektierst und dann veränderst. Es ist nicht erforderlich, gleich alle Punkte zu sehen oder gar zu bearbeiten, sondern an den ersten Punkten das weitere Vorgehen zu üben. Mit der Zeit perfektioniert sich die Fähigkeit der Selbstreflexion und findet im laufenden Gespräch bereits statt.
- *Zeig deinem Kind: Auch ich bin nicht perfekt und lerne:* Wenn du deinem Kind zeigst und sagst, dass du an bestimmten Bereichen und Verhaltensweisen arbeiten möchtest, dann ist das für dein Kind ein sehr wichtiger Punkt. Es lernt daraus zum einen, dass auch du nicht alles gleich kannst und dass in allen Bereichen der Prozess des Lernens und Übens erforderlich ist. Darüber hinaus regst du dein Kind dazu an, es dir gleichzutun und die Mittel der Selbstreflexion auch bei sich und auf die direkten Dinge des Lernens und Konzentrierens anzuwenden. Dein Kind ist mit der Zeit umso mehr in der Lage, selbst Strategien für sich zu entwickeln.
- *Neue Erfahrungswerte einfließen lassen:* Nach jedem Reflexionsprozess ist es wichtig, die neu gewonnen Erkenntnisse in die nächste Situation einfließen zu lassen. Daraus ergibt sich ein Schritt-für-Schritt-Plan, der sich von selbst weiter aufbaut und durch den dynamischen Verlauf ständig ergänzt und verändert. Die Reflexion ist nicht

abgeschlossen mit dem „sich- selbst-sehen", sondern ist ein ständig weiter voranschreitendes Prozedere.

Empathie

Wichtigstes Mittel für die Selbstreflexion und die Reflexion eines Gegenübers ist die Empathie, denn diese muss ich anwenden, um mein Verhalten mit der Wirkung auf den anderen erkennen zu können. Empathie stellt dabei die Fähigkeit dar, sich in das Empfinden und das Gefühlsleben des anderen hineinzuversetzen. Dabei ist der Rollenwechsel erforderlich. Man begibt sich selbst in die Position des anderen und versucht zu ergründen, wie das eigene festgestellte Verhalten oder eine eingetretene Situation bei dieser Person ankommen.

Empathisches Handeln zu lernen ist ein ebenso bewusster Prozess, der bei den Menschen in unterschiedlicher Ausprägung vorhanden ist. Manche Personen bringen die Fähigkeit zur Empathie mit, andere üben sich lange darin. Auch hier geht es um einzelne Situationen und das Üben der jeweiligen Kompetenzen. Es ist nicht erforderlich, gleich alles vollständig zu können. Eine gute Übung im Alltag ist das Beobachten von Personen und sich selbst zu fragen, was sie wohl gerade empfinden und wie man sich in dieser Situation fühlen und verhalten würde. Die Empathie spielt also auch in einem fiktiven (da wir uns ja nur vorstellen, wir wären in dieser Situation) Selbstreflexionsprozess eine große Rolle. Durch das Durchspielen imaginärer Situationen, die eben häufig im Alltagsgeschehen bei anderen Menschen beobachtet werden können, kann man seine Selbstreflexionsfähigkeit in Verbindung mit der Empathie effektiv und nebenbei trainieren.

Ein besonders schwieriger Punkt ist es, sich in das eigene Kind hineinzuversetzen. Durch den Altersunterschied und die Tatsache, selbst erwachsen zu sein, sind viele kindliche Empfindungen im Laufe der Zeit anders geworden und das Gefühl dazu in vielen

Fällen verblasst. Es ist hilfreich, zu versuchen, sich in ähnliche Situationen zurückzuversetzen, in denen vergleichbare Gefühle aufgetreten sein können, insbesondere aus der eigenen Kindheit oder auch später in Interaktionen mit Erwachsenen. Du solltest dabei versuchen, sie so intensiv wie möglich zu erinnern und gedanklich wieder durchzuspielen. Welche Gefühle löst die Situation bei dir aus? Das gelingt nicht in jedem Fall, da das Gehirn nicht zu jeder Situation auch das entsprechende Gefühl abspeichert und manche Erinnerung, wenn sie lange nicht mehr abgerufen wird, immer mehr verblasst. Sie ist in der Folge lückenhaft. Wenn wir aber auch hier versuchen, diesen Prozess zu vertiefen, können wir mit der Zeit auch mehr Erinnerungen wieder zugänglich machen. Dadurch trainieren wir sogar noch unser eigenes Gehirn und das Erinnerungsvermögen – ein toller Nebeneffekt.

<u>Stressübertragung</u>

Stressübertragung ist der letzte wichtige Punkt, den man für die Selbstreflexion beachten muss. Diese spielt nicht nur für die Selbstreflexion, sondern genauso für die Reaktion des Gegenübers eine Rolle. Stressübertragung geschieht immer dann, wenn eine der Gesprächsparteien sehr aufgeregt ist und das auch in der Form kommuniziert. Das Gegenüber nimmt diese Anspannung wahr und fühlt sich dadurch selbst gestresst. Es können dabei die unterschiedlichsten Gefühlsformen ausgelöst werden:

- Druck
- Angst
- Trauer
- Verletzt sein

Es gibt praktisch keine Situation, in der ein gestresstes Verhalten eine positive Reaktion auslöst. Vielmehr ist es eine negative Übertragung. Gerade bei Kindern sind die Antennen sehr fein und sie erkennen die Gefühlslage der Eltern im Regelfall sehr präzise. Die gute Nachricht ist, dass du das bei deinem Kind ändern kannst – jedenfalls, wenn du der Part bist, der gestresst in die Situation hineingeht. Ist es dein Kind, das den Stress auf dich überträgt, gestaltet sich der Prozess komplexer (siehe auch Kapitel 2.5).

Häufig ist es auch ein wechselseitiges Geschehen, das sich gegenseitig beeinflusst und die Gesamtlage weiter von einer positiven Lösung abrückt.

2

Erste Schritte zur Bewältigung

In diesem Kapitel geht es um Lösungen von Konzentrationsschwierigkeiten in übergreifender Form. Alle im ersten Kapitel dargestellten Aspekte werden hier aufgegriffen und eine entsprechende Lösung – beziehungsweise verschiedene Lösungswege – aufgezeigt. Dabei orientiert sich die Lösung immer auch an hintergründigen Ursachen, da eine Sache mit der anderen zusammenwirkt und sich so die Kausalität ergibt. Die Themen greifen ineinander über und lassen sich in manchen Fällen nicht klar abgrenzen, sodass es zu Überschneidungen kommen kann.

2.1 Der richtige Arbeitsplatz

Der richtige Arbeitsplatz stellt eine große Erleichterung für dein Kind dar. Die Gestaltung des direkten Umfeldes ist wichtig. Dein Kind muss sich in der Umgebung wohlfühlen und die Voraussetzungen für Konzentrationsaufbau müssen optimal geschaffen werden.

Arbeitsort

Dein Kind sollte grundsätzlich einen festen Platz haben, an dem es seine Hausaufgaben erledigen kann. Ein fester Arbeitsort bietet die Möglichkeit, Materialien und Arbeitsmittel dort liegenzulassen und schnell wieder verwenden zu können. Des

Weiteren gibt der Arbeitsplatz deinem Kind einen festen Rahmen, er ist eine Orientierungshilfe. Das Gehirn stellt sich auf verschiedene Situationen ein und hat einen hohen Wiedererkennungswert. Dies gilt sogar für die Arbeitsumgebung. Das Gehirn weiß nach einer Zeit sofort, was gefragt ist und dass Konzentration aufgebaut werden soll. Diesen Wiedererkennungseffekt kann man natürlich nicht nach einem Tag aufbauen, er muss eine Zeit lang immer wieder in gleicher Abfolge genutzt werden, damit sich der Effekt einstellt.

Der Arbeitsort sollte für dein Kind angenehm sein und die Sitzposition soll ihm ergonomisch entgegenkommen. Beispielsweise kann sich kein Mensch konzentrieren, wenn er auf einem harten, zu niedrigen oder zu hohen Stuhl sitzen soll – das gilt für alle Möbel am Arbeitsplatz – sie müssen zur Größe und zum Sitzkomfort deines Kindes passen. Es gibt hierfür etliche verschiedene Formen an Schreibtischstühlen für Kinder und entsprechend dazu auch höhenverstellbare Schreibtische, deren Platte sich sogar oft kippen lässt. Damit schaffst du eine gute Grundvoraussetzung für die Hausaufgaben. Auch ist es notwendig, dass der Platz gut beleuchtet ist, aber auch bei direkter Sonneneinstrahlung entsprechend vor dieser geschützt werden kann.

Arbeitsumgebung und Arbeitsmaterial

Genauso wie sich Möbel und Lichtverhältnisse auf die Konzentrationsfähigkeit ausüben, gilt dies auch für andere Umgebungsfaktoren. Hier gibt es keinen einheitlichen Fahrplan, die Umgebung sollte sehr individuell und lerntypengerecht gestaltet sein. Viele Kinder brauchen beispielsweise Ruhe, um sich konzentrieren können, während andere viel besser mit etwas Musik im Hintergrund arbeiten können und super Ergebnisse erzielen. Alles, was dein Kind als störend empfindet, sollte – so weit möglich – in seiner Arbeitsumgebung minimiert oder abgestellt werden.

Das kann je nach Lerntyp und Individualität unterschiedlich sein und ist in der folgenden Darstellung für dich aufgeschlüsselt. Dort kannst du lesen, was du fördern solltest und was unter bestimmten Umständen minimiert werden sollte. Nicht immer gelingt das vollständig, es ist jedoch förderlich, hier genau hinzuschauen.

Lerntypenbezogene Gestaltung mit Beispielen

Im ersten Kapitel hast du bereits von den verschiedenen Lerntypen gehört und was sie als Unterstützung beim Lernen brauchen können. Hier erhältst du nun konkrete Tipps für die gezielte Gestaltung des Arbeitsplatzes und der Verwendung geeigneter Arbeitsmaterialien, die das Lernen individuell fördern und was du vermeiden kannst, um die Konzentration nicht abzulenken. Diese Tipps sind beispielhaft und stellen eine erste Anregung dar, natürlich kannst du eigene Ideen einbringen und diese für dein Kind umsetzen. Wie bereits erwähnt ist es sehr selten, dass sich bei einem Menschen nur ein Lerntyp stark ausprägt. Viele Menschen kombinieren mindestens zwei der Bereiche. Dies ist auch bei der Umsetzung der richtigen Arbeitsumgebung zu beachten und kann beliebig miteinander verknüpft werden.

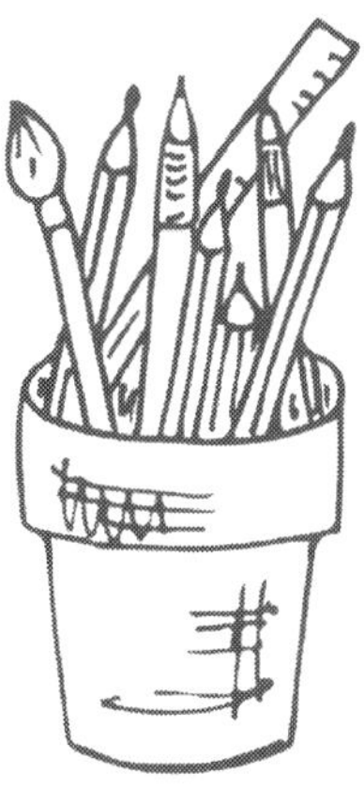

- *Visuelles Lernen:* Dieser Lerntyp favorisiert Bilder und Farben. Du kannst dein Kind mit vielen bunten Stiften und Textmarkern unterstützen, um das Lernmaterial individuell zu gestalten und zu unterscheiden. Auch Grafiken und Bilder unterstützen das Lernen. Lernvideos sind für diesen Lerntyp ebenso eine große Hilfe. Für den visuellen Lerntyp ist eine Umgebung wichtig, die ihn nicht vom eigentlichen

Geschehen ablenkt. Viele bunte Bilder und andere Reize in der Umgebung lassen die Konzentration auf diese Dinge wandern, da sie das Gehirn mehr anregen. In der direkten Umgebung zum Arbeitsplatz sollte es daher wenig Farbmischungen, bunte Wände oder Poster, Bilder und Fotos geben.

- *Auditives Lernen:* Der auditive Lerntyp favorisiert Geräusche und Gehörtes. Du kannst hier direkt unterstützen, indem du deinem Kind die Dinge vorliest oder auf eine andere Weise erklärst. Wichtig ist, dass dein Kind die Lerninhalte hören kann. Auch kann dein Kind sich selbst die Texte durch lautes Lesen besser erarbeiten. Für den auditiven Lerntyp sind in seiner Arbeitsumgebung gezielte Geräusche wichtig. Ablenkende Prozesse sollten unbedingt vermieden werden – diese können besonders aus Umgebungsgeräuschen oder konkreten Ablenkungen, wie häufige Ansprache, resultieren. Es kann hilfreich sein, bestimmte Musik oder einfach das Radio im Hintergrund laufen zu lassen, damit sich die Dinge besser einprägen. Das ist sehr unterschiedlich. Manche Kinder führt das auch nicht zum Ziel und sie brauchen aus der Umgebung absolute Ruhe, um nur das zu vertonen, was sie auch direkt lernen wollen.
- *Haptisches Lernen:* Der haptische Lerntyp setzt das Ertasten und Bewegungsvorgänge ein, um die Dinge effektiv abzuspeichern. Diese Kinder lernen am besten, wenn sie sich Dinge selbst aufschreiben oder auch Sachen zusammenbauen. Es ist für die Arbeitsumgebung förderlich, eine geeignete Schreibunterlage zur Verfügung zu stellen sowie wann immer es geht, die Möglichkeit zum Basteln zu geben. Klebstoffe und ein paar Bastelmaterialien

sollten für die Umsetzung am Arbeitsplatz vorhanden sein. Besonders wichtig ist, zu schauen, dass das Kind ein geeignetes Schreibgerät erhält, mit dem es gut umgehen kann, das optimal in der Hand liegt und mit dem auch größere Texte und Abschriften erfasst werden können (siehe auch 3.1 Punkt Graphomotorik und Lernen).

- *Olfaktorisches Lernen:* Gerüche sind für den olfaktorischen Lerntyp von großer Bedeutung. Die Lernumgebung kann anregend mit einem ansprechenden Duftöl oder anderen geruchsspendenden Mitteln gestaltet werden. Wichtig ist, dass der Duft dem Kind gefällt. Hier könnt ihr ganz viele verschiedene Varianten ausprobieren. Wenn das Kind viele Gerüche mag, könnt ihr auch probieren, einen Duftstoff pro Thema oder Fach einzusetzen, um so das Gelernte nochmals zu differenzieren. Viele Gerüche empfindet das Kind jedoch unter Umständen als störend oder ablenkend und sollten in der direkten Arbeitsumgebung vermieden werden. Dies können beispielsweise Essensgerüche sein, die beim Kochen entstehen.
- *Gustatorisches Lernen:* Das gustatorische Lernen geht mit der Kombination von Lerninhalten und Geschmäckern einher. Es ist für das Kind förderlich, wenn es beim Lernen einen Geschmack wahrnehmen kann oder auch unter-

schiedliche Geschmäcker – beispielsweise für verschiedene Lernbereiche, sodass die Informationen im Gehirn noch mal differenziert werden.
Hilfreich sind zum Beispiel kleine Obst- oder Gemüsestücke, die das Kind zwischendurch beim Lernen zu sich nehmen kann. Förderlich ist auch Kaugummi. Als Hinweis: Diese Methode darf im Regelfall nur zu Hause für die Lernunterstützung eingesetzt werden und nicht in der Schulzeit, aus verschiedenen Gründen. Im Regelfall ist dort die Nahrungsaufnahme – auch kleinere Portionen – während des Unterrichts nicht erlaubt, genauso wie das Kauen von Kaugummi. Wenn die Schule es erlaubt, kann man mit geschmacklich angereicherten Getränken oder verdünnten Fruchtsäften etc. einen Mittelweg generieren.

- *Emotionales Lernen:* Ein Empfinden, also ein psychisches Gefühl, verbindet der emotionale Lerntyp beim Abspeichern von Lerninhalten. Um das Lernen zu fördern, stehen positive Empfindungen im Vordergrund. Das klingt einerseits schwierig, aber schon der Zuspruch und das Mut machen, genauso wie eine Umarmung können das Lernen unterstützen. Wann immer möglich sollten Lerninhalte in einen emotionalen Kontext gebracht werden, dies kann zum Beispiel in Videos passieren. Viele Dinge wirken auf uns stimmungshebend (spaßig) oder auch besonders berührend. Diese Effekte lassen sich insbesondere in historischen und naturwissenschaftlichen Inhalten entsprechend verbinden und einsetzen. Klar vermieden werden sollte insbesondere für den emotionalen Lerntyp Tadel, Druck und das Schüren von Angstgefühlen beim Lernen, da diese ihn blockieren.

2.2 Motivationssteigerung

Durch die Steigerung der Motivation kann man im Bereich der Konzentration einiges beeinflussen. Wie im Kapitel 1 bereits erwähnt, kann ohne jegliche Motivation keine Konzentration stattfinden. Daraus ergibt sich, dass ein Konzentrationsproblem grundsätzlich auch ein Motivationsproblem als Ursache haben kann.

Kleine Schritte und Aufteilung

Dieser Ansatz setzt sich mit der Staffelung verschiedener Aufgaben und Anforderungen auseinander. Es ist auch hier nicht erforderlich, sofort Ergebnisse zu erzielen. Es geht um kleine Änderungen mit nachhaltig großen Erfolgen. Die Staffelung der Aufgaben und Anforderungen ist eine indirekte Motivationssteigerung, wird jedoch meist mit ein paar ermutigenden Worten und Beispielen verbunden, um bei dem Kind ein Wollen hervorzurufen. Es kann nicht einheitlich vorgegeben werden, wie diese Aufteilung aussehen soll, da es hier sehr individuell zu gestalten ist. Eine Möglichkeit wäre, nach Fächern vorzugehen und hier Etappen einzubauen, danach eine Pause zu machen und mit dem nächsten Fach weiterzugehen. Das funktioniert jedoch nicht, wenn das Kind tiefgründigere Konzentrationsschwierigkeiten hat, da auch der Aufgabenumfang zumeist unterschiedlich hoch ist. Auch ist nicht jedes Fach für das Kind gleich, ebenso wird der Aufgabenumfang und die Bearbeitungsdauer schwanken. Daher ist es eher zu empfehlen, auch in einem Fach kleinere Ziele zu stecken und die Aufgaben zu entzerren. Die Motivation liegt dann für das Kind darin, die erste Etappe zu erreichen, dann die nächste, zu der es wieder motiviert wird und so weiter. Letztendlich ist für das Kind der Zuspruch wichtig und ihm zu zeigen, was es alles schaffen kann (Leitmotto: „Wenn du das geschafft hast, dann kannst du auch das schaffen." und „Guck mal, wie viel du jetzt schon in den Schritten bearbeitet hast, das ist sehr gut, du kannst das!").

Belohnungssystem

Das Belohnungssystem lehnt sich an die Aufteilung und das Setzen von kleinen Zielen an. Bei manchen Kindern reichen der gute Zuspruch und die Anerkennung der bisherigen Leistung als weitere Motivationssteigerung, bei anderen ist jedoch etwas mehr Motivationsaufwand erforderlich. Hier gilt es zunächst die erste Stufe der Aufteilung zu erproben und wenn nötig diese zweite Stufe einzubauen. Ein Belohnungssystem kann sehr individuell gestaltet werden. Aus verschiedenen Gründen ist aber von einer ständigen Belohnung mit Süßigkeiten oder materiellen Dingen abzusehen. Im Einzelfall kann das ab und zu jedoch ein denkbares Mittel sein.

Zum Aufbau eines Belohnungssystems sollte man sich überlegen, was denn das Kind wirklich motivieren würde. Eine wichtige Frage ist auch, ob man sehr kurzfristig belohnen muss, also nach kleinen Schritten kleine Belohnungen oder ob das Kind auch bei einem „Sparbelohnungssystem" entsprechende Fortschritte machen würde. Die Ziele zu einer Belohnung sind entsprechend anzupassen. Bei einem Sparbelohnungssystem kann auf eine größere Sache, wie auch einen Familienausflug gespart werden. Wurden die nötigen Teilschritte erfüllt, kann das Ersparte eingelöst werden.

Beliebt für die Arbeit mit diesen Systemen sind Wandtafeln mit Magneten, die dann aufgeklebt werden oder Sammelkärtchen, die das Kind dann wieder abgibt, wenn es die Belohnung erhält. Es gibt vorgefertigte Wandtafeln und Poster, in die die Anforderungen und Belohnungen eingetragen oder abgestempelt werden, etwas Derartiges lässt sich nutzen, damit alle den Überblick haben, wie der aktuelle Stand ist. Das ist auch für das Kind sehr wichtig, immer zu erkennen „Wo stehe ich gerade?" und „Was muss noch verbessert werden, um mein Ziel zu erreichen?"

Natürlich kannst du dir auch ein ganz eigenes System ausdenken und es mit deinem Kind basteln und umsetzen. Wichtig ist, dass es für dein Kind übersichtlich ist und klar ist, was erreicht werden soll, wie viel erreicht wurde und was noch gesteigert werden soll. Alle übersichtlichen Systeme stellen sehr gut die Fortschritte dar, sodass man direkt ablesen kann, was die bisherige Arbeit gebracht hat. Wichtig zu beachten ist, dass hier Fortschritte belohnt werden sollen, es sollte davon abgesehen werden, bei Rückschritten bisherige Belohnungen zu entziehen, das kann zu einer Umkehr der Motivation führen und ist daher unbedingt zu vermeiden. Es ist ja ohnehin so, dass bei einem nicht erreichten Zielpunkt, keine Etappenkennzeichnung – sei es mit Stempel, abhaken, Kärtchen oder Sticker etc. – erfolgen kann. Dies motiviert das Kind noch, beim nächsten Mal den Etappenpunkt wieder zu erreichen. Würde ein Abzug erfolgen, kann sich hingegen vielmehr eine Resignation (erneut) einstellen.

Solltest du feststellen, dass dein Kind generell schwer in der Lage ist, einen einzelnen Punkt zu erzielen, stecke die Ziele kleiner und schaue erneut, ob es dann leichter ist. Der Effekt soll sein, dass das Kind in der Motivation gesteigert ist und die Ziele erreichen möchte.

Mut zur Lücke

Ein toller Motivations- und auch Leistungstrick ist das System „Mut zur Lücke". Das ist nicht neu erfunden, sondern von Vera F. Birkenbihl für Lerntechniken etabliert worden.

Bedeutung

„Mut zur Lücke" heißt, dass nicht alles, was in jeglicher Form erarbeitet wird, vollständig sein muss. Wenn es irgendwo eine Lücke gibt, dann weist sie nur darauf hin, dass an dieser Stelle speziell das Wissen erweitert werden soll. Es wird alles erfasst, was man zu einem Thema bereits weiß oder umsetzen kann. Die Lücken sind keine Fehler, ganz im Gegenteil gibt die Lücke Hinweise darauf, was zu einem Thema oder Sachverhalt schon alles bekannt ist beziehungsweise schon erarbeitet werden kann.

Anwendung

Das Prinzip „Mut zur Lücke" lässt sich in jedem Bereich anwenden. In jedem Fach und in jedem Themengebiet ist diese Technik sinnvoll. Positiv herausgearbeitet erspart es viel zusätzliche Arbeit, da man genau da ansetzen kann, wo das Wissen erweitert werden oder eine Technik beziehungsweise Methode weiter geübt werden kann. „Mut zur Lücke" bedeutet auch, das Kind zu ermutigen, einfach mit dem eigenen Potenzial anzufangen und das einzusetzen, was bereits vorhanden ist. Es zeigt insgesamt auf, wie viel das Kind im Grunde schon über ein Thema weiß. Es kann die Arbeit effektiver gestalten und seine Leistungen selbst oder mit dir zusammen reflektieren. Es geht darum, sich zu trauen, denn eine Lücke stellt keinen Fehler dar. Es heißt nur, dass die Lücke mit etwas gefüllt werden darf, was toll ist. Mit diesem Prinzip wird also die Betrachtung auf ein „Fehlen" von Wissen ganz anders bewertet, denn es kommt darauf an, wie viel man eigentlich schon über ein Thema was oder eine Arbeitstechnik und das anzuerkennen. Hier kann man das Kind vielfach loben und ihm erkenntlich machen, was es schon alles weiß und dass die Dinge, die es noch nicht weiß, ja gar nicht so viele sind und diese Felder sich super mit gezieltem Wissenserwerb füllen lassen.

2.3 Ernährungsanpassung

Nahrungsumstellung, geht das?

Eine Nahrungsumstellung bedeutet meist größere Veränderungen. Die bisherigen Abläufe und Essgewohnheiten sind eingefahren und selbst Erwachsenen fällt es schwer, die Ernährung konsequent zu ändern. Kinder mögen oft gewisse Produkte nicht oder lehnen bestimmte Nahrungsmittel kategorisch ab. Schrittweise kann man auf dieser Ebene jedoch Erfolge erzielen und Nahrungsmittel finden, die die kognitive Funktion und weitere Entwicklung maßgeblich unterstützen. Wenn die Nahrungsumstellung wirklich generell bei allen Mahlzeiten erfolgen soll, ist ein schrittweises Vorgehen ratsam. So kann sich das Kind an neue Geschmäcker gewöhnen und Sachen probieren, ohne auf die vorher bekannten Dinge verzichten zu müssen. Dies geht auch, indem man ungesunde und nicht optimale Nahrungsmittel einfach reduziert, es ist keinesfalls erforderlich, diese Lebensmittel ganz aus dem Nahrungsangebot zu verbannen – es geht vielmehr um ein ausgewogenes Maß und den täglichen Verzehr von gesunden Lebensmitteln. Du sollst deinem Kind also nicht gleich alles verbieten, was auf den ersten Blick nicht gesund erscheint, es aber auf ein geringes Maß reduzieren und die wertvollen Zutaten in die Ernährung einbauen.

Gesunde Ernährung, die schmeckt

Wichtig ist folglich zunächst, dass dein Kind die Sachen auch mag und es genug isst. Es nützt gar nichts, wenn aus Verweigerung ein Mangel entsteht oder Zeiten, in denen das Kind regelmäßig Hunger hat. Viele Kinder essen nämlich ungern oder nur sehr wenig direkt vor der Schule und nehmen damit die erste richtige Mahlzeit erst über die Pausen verteilt zu sich. Die wichtigsten Nährstoffe zum Verständnis aufgeschlüsselt:

- *Kohlenhydrate:* Kohlenhydrate sind Energielieferanten, sie kommen in Form von Einfachzuckern (Monosaccharide) und Mehrfachzuckern oder auch Vielfachzuckern (Polysaccharide) in der Nahrung vor. Einfachzucker gehen schnell ins Blut und treiben den Blutzuckerspiegel schnell nach oben. Sie sind bei akuter Ermüdung und Erschöpfung wichtig, um dem Körper schnellstmöglich einen Energieschub zu geben. Die Mehrfachzucker sind Kohlenhydrate, die der Körper verarbeiten und aufspalten muss. Diese Kohlenhydrate beeinflussen den Blutzuckerspiegel mäßig, dafür kontinuierlicher. Einfachzucker sind vor allem Traubenzucker, Fruchtzucker und Glucose.
  Mehrfachzucker und Vielfachzucker werden im Darm aufgespalten und sehr langsam in das Blut abgegeben, da der Spaltungsprozess einige Zeit braucht. Sie werden vor allem für die stetige Energieauffüllung benötigt. Sie wirken sich wenig auf den Blutzuckerspiegel aus und können eingesetzt werden, um lange zu sättigen. Mehrfachzucker sind im Grunde Stärke, welches Pflanzen speichern. Besonders viel Stärke ist in Mais, Getreidekörnern und Reis sowie auch Kartoffeln enthalten.

- *Fett:* Fette sind in pflanzlicher und tierischer Form aufnehmbar. Fette dienen dem Wärmehaushalt im Körper und dem Energiestoffwechsel. Sie sind außerdem wichtig für den Transport bestimmter Nährstoffe und die Lagerung der fettlöslichen Vitamine A, D, E und K. Es gibt gesättigte und (einfach oder mehrfach) ungesättigte Fette in der Nahrung, die ungesättigten Fettsäuren soll man dabei signifikant bevorzugen, sie kommen vor allem in kaltgepressten Pflanzenölen vor (zum Beispiel Rapsöl, welches sehr geschmacksneutral ist, Leinöl oder Olivenöl). Einfach ungesättigte Fettsäuren kann der Körper selbst herstellen, während die mehrfach ungesättigten Fettsäuren nicht vom Körper hergestellt werden können und daher komplett über die Nahrung zugeführt werden müssen. Die mehrfach ungesättigten Fette findet man vor allem in Fischölen, aber auch Nüssen.
  Ein sehr geringer Teil nur sollte an gehärteten Fetten in der Nahrung vorliegen, diese stehen im Verdacht in größeren Mengen gesundheitsschädlich zu sein. Gehärtete Fette kommen vor allem in Fertigprodukten mit Überzügen und einigen Süßwaren vor, aber auch in vielen Margarinesorten – hier lohnt sich ein Blick auf die Nährwerttabelle, in der sie separat bei den Fetten aufgeführt sind. Dies gilt auch für gesättigte Fettsäuren, die ebenfalls in diesen Produkten vermehrt zu finden sind. Sie dürfen vom Körper aufgenommen werden, sollten aber in geringerer Menge als die ungesättigten Fettsäuren vorkommen.
- *Eiweiß:* Eiweiß (Protein) liefert dem Körper wichtige Bausteine, so genannte Aminosäuren und sollte deshalb

täglich mit der Nahrung in größerer Menge aufgenommen werden. Diese Aminosäuren kann der Körper nicht selbst herstellen, sondern ausschließlich über das Eiweiß aus der Nahrung aufnehmen. Sie sind maßgeblich beteiligt am Muskelaufbau und im Gewebe wie auch Stützapparat, sind Bestandteil von Hormonen und ebenso erforderlich für ein intaktes Immunsystem. Das Immunsystem braucht sie für Antikörper und in der Blutbildung der Leukozyte-nuntergruppen (Leukozyten = weiße Blutkörperchen). Eiweiß dient üblicherweise nicht der Energiegewinnung, jedoch greift der Körper bei Mangelzuständen, wie zum Beispiel unter Hungerdiäten, auf die Proteine zurück.

Proteine finden sich vor allem in tierischen Erzeugnissen, wie Milchprodukten und Fisch sowie auch Fleisch. Tierisches Eiweiß ist für den Körper einfacher zu verarbeiten, da es dem Aufbau des menschlichen Proteins ähnlicher ist. Jedoch können Veganer auch genug Eiweiß über pflanzliche Produkte aufnehmen, sie müssen jedoch besonders darauf achten, diese in ausreichender Menge zu konsumieren, da es sonst schnell zu einem signifikanten Mangel kommt. Pflanzliches Eiweiß findet sich vor allem in Hülsenfrüchten und Soja, aber auch in Nüssen.

Nicht-Veganer sollten eine Mischung aus dem Nahrung-sangebot wählen und Eiweiß aus tierischen und pflanzlichen Quellen zuführen, denn pflanzliches Eiweiß ist keinesfalls minderwertig, der Körper braucht nur größere Mengen im Vergleich zum tierischen Eiweiß, da er es schlechter aufnehmen kann.

- *B-Vitamine:* Die B-Vitamine sind wasserlöslich, das heißt, dass der Körper sie nicht lange speichern kann und einen Überschuss sofort wieder ausscheidet. Diese Vitamine

sollten daher täglich über die Nahrung zugeführt werden. Die B-Vitamine setzen sich aus 8 Vitaminen zusammen, die in ihrer Substanz zwar völlig unterschiedlich sind, alle aber eine Vorstufe für Koenzyme darstellen.
Die B-Vitamine lassen sich sowohl über tierische als auch pflanzliche Produkte aufnehmen. Sie kommen in Milchprodukten, Fisch und grünen Gemüsesorten, wie Brokkoli und Spinat vermehrt vor.
Die anerkannten B-Vitamine kann der Körper nicht selbst herstellen. Früher gab es noch mehr Vitamine in der B-Gruppe, jedoch stellte sich später heraus, dass diese nicht als Vitamine gelten können, da der Körper sie zumindest teilweise selbst herstellen kann. Da die verbliebenen B-Vitamine essenziell sind, sollten sie täglich mit der Nahrung zugeführt werden. Ein Überschuss wird unproblematisch ausgeschieden, sodass es keine negativen Folgen hat, wenn man mehr als die empfohlene Tagesdosis zu sich nimmt.

- Vitamin B1 (Thiamin)
- Vitamin B2 (Riboflavin)
- Vitamin B3 (Niacin)
- Vitamin B5 (Pantothensäure)
- Vitamin B6 (Sammelbezeichnung für Pyridoxin, Pyridoxamin und Pyridoxal)
- Vitamin B7/Vitamin H (Biotin)
- Vitamin B9/Vitamin M (Folsäure)
- Vitamin B12 (Cobalamin)

- *Vitamin C*: Vitamin C dient dem Immunsystem. Es gehört zu den Antioxidantien, was heißt, dass es negative

Sauerstoffverbindungen in den Zellen verhindert. Es wird für die Hormonproduktion gebraucht (insbesondere für Adrenalin und Noradrenalin und die Regulation), aber auch für die Herstellung der Gallensäure bei der Verdauung. Vitamin C ist aber ebenso wichtig für den Aufbau von Bindegewebe. Besonders viel Vitamin C ist in Kohl, Beeren, Zitrusfrüchten und Paprika sowie Spinat enthalten.

- *Mineralstoffe*: Mineralstoffe zählen ebenfalls zu den lebenswichtigen Makronährstoffen und können vom Körper nicht selbst hergestellt werden. Sie müssen ebenso wie die Vitamine als essenziell betrachtet und daher über die Nahrung aufgenommen werden. Hier sollen die wichtigsten Mineralstoffe einmal genauer betrachtet und ihre Funktion genannt werden.
    - Kalzium ist besonders für die Gesunderhaltung der Knochen und Knorpel wichtig. Es sorgt dafür, dass es nicht zu einer leichten Brüchigkeit der Knochen kommt. Es ist viel in Milchprodukten und grünem Gemüse enthalten.
    - Eisen dient vor allem der Blutbildung, besonders der roten Blutkörperchen. Es wird als Ferritin gespeichert und kommt vor allem in tierischen Produkten mit Leber vor, ist aber auch in vielen Vollkornprodukten, Hülsenfrüchten und grünem Gemüse zu finden.
    - Magnesium ist ein Co-Faktor vieler Proteine und wird vor allem für die Verstoffwechselung und die Gewinnung der Aminosäuren benötigt. Es kommt in Vollkornprodukten, grünem Gemüse und Geflügel sowie Milchprodukten besonders reichhaltig vor.

- Kalium reguliert das Zellwachstum und die Botenstoffe bei der lebenswichtigen Steuerung der Herzfunktion. Ohne Kalium würden wir massive Herzprobleme, wie Herzrhythmusstörungen bekommen. Kalium spielt auch eine Rolle für die Freisetzung und Verwertung von Insulin, dem Hormon, das den Blutzuckerspiegel und die Verwertung des Zuckers steuert.
- Jod wird für die Funktion der Schilddrüse benötigt und dort eingelagert. Es wird dort mit den Schilddrüsenhormonen genutzt – auch für deren ausreichende Produktion. Die Schilddrüse steuert etliche Prozesse im Körper, ohne diese könnten wir nicht leben und würden sterben. Daher ist Jod essenziell und wird insbesondere in Seefisch dem Körper geliefert. Da es zu einem weiten Mangel kam, hat man das Speisesalz jodiert, über das es bei zusätzlichem Bedarf oder wenn man keinen Fisch mag, aufgenommen werden kann.
- Zink ist wichtig für das Zellwachstum, die Wundheilung und verschiedene Stoffwechselprozesse. Es beeinflusst auch das Zellwachstum und ist daher insbesondere für Kinder sehr wichtig. Es ist in allen Körperzellen vertreten, sodass die Nervenzellen im Gehirn, wie auch Blutkörperchen und das Immunsystem einen wichtigen Bedarf an Zink für die Funktion haben. Nicht zuletzt ist es für den Zucker- und Fettstoffwechsel wichtig sowie für die Verdauung.
- Selen schützt die Zellen vor Abbau und Angriffen, indem es die Zellmembran stabilisiert. Es ist auch

Bestandteil einer Aminosäure und steuert neben Kalium die Herz-Kreislauf-Funktion. Selen kann einen zu schnellen Herzschlag maßgeblich positiv beeinflussen.

Wirkungsweise der einzelnen Nährstoffe auf das Gehirn

Kohlenhydrate liefern dem Körper direkt verwertbare Energie, nur bei einem Überangebot kommt es zu Umwandlung und Einlagerung. Generell werden Kohlenhydrate im Blut als Zuckerspiegel gemessen. Diese Spiegel sollten sich immer in einem ausgeglichenen Bereich befinden, denn sie sind maßgeblich für die Hirnleistungsfähigkeit verantwortlich. Bei einem Mangel kommt es zu schnellen Ermüdungserscheinungen und Leistungsverlust. Besonders Kinder können schnell von einem Mangel betroffen sein, da die Kohlenhydrate an vielen Stellen gebraucht werden. Sie sind dann aufgrund der körperlichen Voraussetzung nicht mehr in der Lage sich zu konzentrieren oder eine entsprechende Leistung zu erbringen. Traubenzucker wird oft als Energielieferant angeboten, da er sehr schnell ins Blut geht. Das ist immer dann sinnvoll, wenn der Zuckerwert auf einem niedrigen Level ist, und sollte nicht regelmäßig eingesetzt werden. Bei einem ständigen Überangebot und häufig hohen Blutzuckerspiegeln besteht die Gefahr, dass die Bauchspeicheldrüse aufgrund von Überbelastung nicht genug Insulin ausschütten kann und es später zu einer Diabeteserkrankung kommt. Dem kann man mit der stetigen Gabe von Mehrfachzuckern, quasi den „guten" Kohlenhydraten, entgegenwirken.

Fette sind die Bindungsträger für die fettlöslichen Vitamine und daher auch hier für den Körper und das Gehirn sehr wichtig. Sie dienen als Hülle von Zellen, so auch insbesondere Nervenzellen. Davon haben wir im Gehirn etliche – sie sind also maßgeblich für die zuverlässige Arbeit im Bereich der Kognition. Ohne diese Fette könnte man gar nicht leben.

Omega-3 und 6-Fettsäuren können nicht im Körper hergestellt werden und müssen daher komplett über die Nahrung aufgenommen werden. Sie dienen dem Wachstum und der Hirnleistung direkt durch die Steuerung und den Transport von Hormonen. Ein gestörter Fettstoffwechsel kann der Verursacher von Hormonstörungen sein und deshalb sollte man gut auf eine ausgewogene Zufuhr an Omega-Fettsäuren achten.

Ein Überangebot an gesättigten Fetten, welche vor allem in tierischen Produkten vorkommen steht zum Beispiel im Verdacht, die Hirnleistung wiederum zu verringern, da sie falsche Signale senden. Der überwiegende Teil der aufgenommenen Fette sollte daher aus ungesättigten Fettsäuren bestehen.

Aus Eiweiß werden die Aminosäuren aufgenommen, die für etliche Prozesse im Körper unerlässlich sind und nicht selbst hergestellt werden können. Sie sind das Material für viele Nervenbotenstoffe, manche Aminosäuren sind sogar direkte Botenstoffe (Neurotransmitter), sodass sie für die Hirnfunktion und das Gedächtnis, wie auch die Konzentrationsfähigkeit unerlässlich sind. Die Konzentrationsfähigkeit, Verhalten und Gedächtnisfähigkeit hängen von den Aminosäuren ab. Ein Mangel an Aminosäuren kann Verhaltensauffälligkeiten, Aggressionen, Unruhe, aber vor allem auch Gedächtnislücken und Konzentrationsstörungen in nicht geringem Maße verursachen. Daraus lässt sich schließen, dass eine proteinreiche Ernährung sehr wichtig für die Entwicklung des Kindes und dessen Hirnleistung ist.

Vitamine und Mineralstoffe sind für die Verstoffwechselung der anderen Nährstoffe (hier auch speziell die Aminosäuren) erforderlich oder umgekehrt diese für die Umwandlung und Speicherung (siehe Fette).

Ebenso werden viele Vitamine und Mineralstoffe für das Immunsystem und die Blutbildung benötigt, diese Makronährstoffe sind voneinander abhängig und allesamt essenziell. Sie müssen täglich mit der Nahrung aufgenommen werden – nur so können sie dem Körper zur Verfügung gestellt werden.

Eine besondere Aufgabe hat zum Beispiel Vitamin C in Verbindung mit der Aufnahme von Eisen. Eisen wird für die Bildung roter Blutkörperchen gebraucht (siehe Mineralstoffe), welche den Sauerstoff transportieren, vor allem auch ins Gehirn. Daher ist Vitamin C indirekt an der Hirnfunktion und-leistung beteiligt. Bei Sauerstoffmangel kommt es zu vorzeitiger Ermüdung. Aber auch die Nervenzellen im Gehirn und das umliegende Gewebe benötigen diese Nährstoffe. Mineralstoffe kann man theoretisch überdosieren, wie auch die fettlöslichen Vitamine. Bei einer ausgewogenen Ernährung und ausschließlicher Aufnahme über die Nahrung ist das jedoch bei einem gesunden Menschen nicht zu erwarten.

Das richtige Getränk

Nicht immer schaut man so genau auf die Trinkgewohnheiten der Kinder, wie auf die Essgewohnheiten. Hier können sich aber unbemerkt schlechte Verhaltensweisen herausbilden. Viele Getränke sind einfach zu süß, das ist grundsätzlich das Hauptproblem und die Kinder nehmen ein deutliches Überangebot an Zucker zu sich. Auch Fruchtsäfte fallen darunter, da sie sehr viel Fruchtzucker liefern. Sie werden vorwiegend aus Konzentraten hergestellt, sodass viele Vitamine und Mineralstoffe bereits verloren gehen. Es ist besser, einmal einen Apfel zu essen als ein Glas Apfelsaft, da dafür deutlich mehr Äpfel verarbeitet werden müssen und somit auch sehr viel mehr Zucker enthalten ist. Fruchtsäfte sollten daher verdünnt angeboten werden. Welches Maß gut ist, musst du bei deinem Kind ausprobieren. Es sollte sich jedoch mindestens ein Verhältnis von einem Teil Wasser und zwei Teilen Fruchtsaft ergeben, besser wäre es noch halb und halb, wo viele Kinder sich aber beschweren, dass ihnen das Getränk nicht mehr schmeckt. Sie sind so sehr an den süßen Geschmack gewöhnt, dass es schwierig ist, sie abrupt umzustellen. Jedoch kann man das Mischverhältnis stetig etwas verändern, da sich die Geschmacksnerven dem Angebot anpassen und für leichtere Geschmäcker sensibler werden. Ganz verzichten sollte man auf die Gabe von Limonaden und Fruchtsaftgetränken mit nur geringem Fruchtgehalt. Sie enthalten künstlichen Zuckerzusatz und Wasser, was den Geschmack zusätzlich verfälscht. Am besten sind direkt oder frisch gepresste Säfte, die man entsprechend mit Wasser verdünnt. Auch Smoothies, die ja auch das Fruchtfleisch enthalten, können entsprechend verdünnt gegeben werden und werden so zu einem Direktsaft mit Wasser.

Hirnfutter

Ein paar Ideen für Hirnfutter stelle ich hier mal zusammen, sie zielen vorrangig auf die Pausenmahlzeiten oder Zwischenmahlzeiten ab und sollen eine Anregung darstellen, wie man eine ausgewogene Ernährung zu jeder Mahlzeit anbieten kann, die dem Kind auch schmeckt.

- Smoothies lassen sich sehr gut selbst herstellen, man braucht dazu nicht unbedingt eine spezielle Maschine, sondern lediglich einen Pürierstab und einen hohen Behälter – fast alle Früchte und viele Arten von Gemüse lassen sich so verarbeiten und miteinander mixen. Wie bereits erwähnt lässt sich daraus mit entsprechendem Wasseranteil (verwende hier ruhig stilles Mineralwasser zur Getränkeherstellung, da es viele Mineralstoffe liefert) herstellen. Diese Getränke enthalten durch die Verwendung der gesamten Frucht nicht nur den

Flüssiganteil und sind somit gehaltvoller, aber auch zuckerreduzierter. Genauso lassen sich Smoothies aber auch mit natürlichem Joghurt ohne jegliche Zusätze mixen, es entsteht ein leckeres Joghurtgetränk ohne zusätzlichen Zuckerzusatz, wie es bei vielen fertigen Fruchtjoghurts der Fall ist und liefert neben Vitaminen aus den Früchten auch Proteine durch den Joghurt.

- Für das Pausenbrot bieten sich Vollkornbrote mit Salat oder Gemüse- bzw. Obstscheiben an, welche mit unterschiedlichen Kombinationen aus Nusspräparaten wie Erdnussmus, Mandelmus oder Tahin (schmackhaftes Sesammus, welches sich auch leicht selbst herstellen lässt) über den Tag ein umfassendes Nahrungsangebot darstellen.
- Für den Hunger zwischendurch oder morgens als erste Mahlzeit lässt sich leicht ein Vollkornprodukt aus Hafer, wie zum Beispiel Haferflocken oder Porridge verwenden und mit Nüssen vermischen. Dazu gibt man Milch oder Naturjoghurt und geschnittenes Obst, wie Apfel und Banane oder Beeren, so zum Beispiel Himbeeren, Heidelbeeren, Erdbeeren und anderen Obstsorten, sodass es nicht nachgesüßt werden muss.

Grundsätzlich gilt: Durch ständiges „Snacken" kohlenhydrathaltiger Lebensmittel antwortet der Körper mit einer ständigen Blutzuckerspiegelanpassung. Für optimale Konzentration ist allerdings ein möglichst konstanter Blutzuckerspiegel nötig. Verzichte daher, wann immer möglich, deinem Kind außerhalb der Hauptmahlzeiten Essen oder Snacks anzubieten. Wichtig ist ein regelmäßiger Essensrhythmus mit vollwertigen Mahlzeiten.

Aus diesem Grund sind Traubenzucker und Co. als schneller „Energielieferant" übrigens ungünstig. Sie bewirken einen extrem schnellen Anstieg des Blutzuckerspiegels, auf den der Körper mit einer verstärken Insulinausschüttung reagiert. Der Blutzuckerspiegel schnellt also nur kurz in die Höhe, um kurz danach weit unter das normale Level zu fallen.

Sind Süßigkeiten immer schlecht?

Die Frage, ob man einem Kind Süßigkeiten geben darf, stellen sich viele Eltern. Die Antwort gestaltet sich unterschiedlich. Auch Süßigkeiten haben eine differenzierte Zusammensetzung, viele enthalten jedoch viel Zucker in Form von Einfachzucker, also Glukose oder Fruktose, dazu kommen häufig Fette.

Da der Körper auf einen gewissen Zuckerbedarf zurückgreifen muss, darf auch mal eine Süßigkeit ins Spiel kommen, die Gabe von Süßigkeiten, neben den regulären Mahlzeiten, bei denen häufig schon Nachtisch bereitsteht, sollte sich in einem kleineren Maß bewegen. Auch sollte man auf den Zuckergehalt einen Blick werfen, denn da können die Produkte stark variieren. Viele industriell hergestellte Produkte enthalten gehärtete Fette und Geschmacksverstärker. Insbesondere Lebensmittel mit kakaohaltiger Fettglasur sollten nicht oder nur in Ausnahmefällen verzehrt werden.

Der Tipp ist, viele Produkte selbst herzustellen und auf die fertigen Süßigkeiten weitgehend zu verzichten. Gebäck aus Vollkornmehl und Honig sowie Nüssen und Mandeln enthält beispielsweise keine Geschmacksverstärker und kann zudem noch individuell nach eigenen Wünschen gestaltet und geschmacklich verändert werden. Die Zuckermenge lässt sich auch nach dem eigenen Bedarf regulieren, denn häufig sind die käuflichen Produkte stark übersüßt. Der Geschmack gewöhnt sich an die sehr süßen Produkte und empfindet später andere Produkte als nicht süß genug.

Hier bietet sich auch ein Obstkuchen an – es handelt sich zwar um eine Süßware, jedoch hat man frische Früchte verwendet und kann mit Vollkornmehl wertvolle Kohlenhydrate liefern.

Nahrungsergänzungsprodukte für Kinder?

Bei dieser Frage spalten sich die Meinungen. Man kann sagen, dass das Kind bei einer regelmäßig und gleichbleibend ausgewogenen Ernährung gut mit den Nährstoffen versorgt ist, die es zum Lernen und für die Konzentration sowie die allgemeine Entwicklung benötigt. Eine dauerhafte Nahrungsergänzung ist für ein gesundes Kind somit nicht erforderlich. Es gibt jedoch Situationen, in denen ist es zumindest denkbar, phasenweise Nahrungsergänzung anzubieten. Dies können Wachstumsphasen sein oder Situationen, von denen bekannt ist, dass das Kind unter Umständen viele Nährstoffe verbraucht.

Für die kognitive Leistung spielen vor allem die Aminosäuren eine übergeordnete Rolle. Wie bereits beschrieben bilden sie die Grundlagen für den Aufbau der Neurotransmitter. Daher sollte man über eine gezielte Nahrungsergänzung mit diesen Aminosäuren nachdenken:

- *Glutamin:* Bei einem gesunden Organismus kann Glutamin in ausreichender Menge produziert werden, jedoch wird es bei Krankheit oder Stress in erhöhter Menge benötigt, sodass sich bei Mangelerscheinungen die Frage lohnt, L-Glutamin kurzfristig als Nahrungsergänzung bereitzustellen. Es kann die Blut-Hirn-Schranke direkt passieren und wird dort in GABA (Gamma- Aminobuttersäure) umgewandelt. Diese sorgt für die Regulation der Ausgleichstransmitter und steuert damit indirekt Schlaf und Entspannung. Ein Mangel an Glutamin würde somit einen Mangel an GABA zufolge haben, was zu Stressreaktionen und Schlafstörungen sowie daraus folgend zu Konzentrationsschwierigkeiten führen kann.

- *Tyrosin:* Tyrosin regt die Aktivität des Gehirns an. Ein Mangel verursacht einen Mangel an Norepinephrin im Gehirn, was zu Depressionen und Ängsten, aber auch Konzentrationsstörungen führen kann. Es wird unter anderem für die Herstellung von Dopamin benötigt. Ist die Bildung von Dopamin gesteigert, nimmt in Folge auch die Konzentrationsfähigkeit zu. Besonders viel Tyrosin ist in Erdnüssen und Sojaprodukten enthalten, möchte man jedoch eine kurzfristige Steigerung der Hirnleistung, empfiehlt sich die Aminosäure als Nahrungsergänzung. Neben der kognitiven Wirkung wirkt es regulierend auf die Neurotransmitter und sorgt für schnelle Reaktionsfähigkeit und Stressabbau.
- *Tryptophan:* Tryptophan wird im Gehirn in Serotonin umgewandelt, welches unter anderem für gute Laune sorgt und unseren Schlaf-Wach-Rhythmus reguliert. Das Tryptophan dient der Bildung der Botenstoffe, welche die schnelle Übertragung der Nervenimpulse steuern. Tryptophan ist in besonders hoher Konzentration in Fisch, Geflügel und Milchprodukten, aber auch in pflanzlichen Produkten wie Nüssen und Bananen enthalten, sowie auch als Nahrungsergänzung erhältlich. Da es in den Serotoninstoffwechsel eingreift, ist eine kurzfristige Anwendung im Bedarfsfall sinnvoll, da es bei regelmäßigem Verzehr der genannten Nahrungsmittel ohnehin in ausreichender Menge dem Körper vorliegt. Eine Kombination mit Isoleucin (siehe unten) kann einem Ausgleich der Aminosäuren und des Stoffwechsels entgegenkommen.

- *Threonin:* Threonin schützt vor allem vor Arterienverkalkung und Durchblutungsstörungen, so auch besonders im Gehirn. Die Aminosäure sorgt für die Öffnung der Blutgefäße. Ein ungehinderter Blutfluss im Gehirn ist für die Verstoffwechslung wichtig und sorgt für eine optimale Hirnleistung. Threonin kommt in Milchprodukten, wie auch Hülsenfrüchten, Kartoffeln und Reis vor. Zudem kann man es als Nahrungsergänzung bekommen.
- *Isoleucin:* Isoleucin ist eine essenzielle Aminosäure und muss daher über die Nahrung aufgenommen werden. Isoleucin kommt unter anderem besonders in Fleisch, fettem Fisch, Weizenkeimen und Nüssen vor. Bei einem Mangel kann es zu Konzentrations- und Gedächtnisstörungen sowie Antriebslosigkeit und Müdigkeit kommen, welcher sich durch eine Nahrungsergänzung mit Isoleucin ausgleichen lässt.

Bei allen genannten Aminosäuren kann es bei Fehl- oder Überdosierung zu einer Stoffwechselentgleisung oder -verschiebung kommen, daher sollten die angegebenen Tagesdosierungen bei Nahrungsergänzungsprodukten gerade bei Kindern in keinem Fall überschritten werden.

2.4 Schlafoptimierung

In diesem Abschnitt erhältst du Informationen zum Schlafbedürfnis und der Notwendigkeit von ausreichend Schlaf. Du kannst hier auch einen Richtwert für die Schlafenszeit und die Schlafdauer entsprechend dem Alter deines Kindes entnehmen.

Warum ist Schlaf wichtig?

Im Schlaf reguliert das Gehirn sämtliche Vorgänge. Während das Bewusstsein ruht, ist das unterbewusste System des Gehirns sehr aktiv. Das Gehirn selbst schläft somit nie, richtet nur den Schwerpunkt auf andere Dinge. Die Erlebnisse des Tages werden verarbeitet, wichtiges vom Kurzzeitgedächtnis wandert in das Langzeitgedächtnis. Das Gehirn richtet sein Augenmerk ebenso auf im Körper laufende Prozesse. Das Immunsystem wird in dieser Zeit besonders aktiviert und Heilungsprozesse laufen auf Hochtouren. Die Wachstumsprozesse von Kindern finden vor allem in der nächtlichen Ruhezeit statt. Schlafmangel führt schon sehr kurzfristig zu Konzentrationsschwierigkeiten und Gedächtnisproblemen. Ein kontinuierlicher Schlafmangel kann Erschöpfungszustände nach sich ziehen, laufende Entzündungsprozesse, schlecht heilende Wunden und Krankheiten begünstigen.

Im Grundschulalter steigt die Verbindungsdichte der Synapsen im Gehirn dramatisch an. Das bedeutet, dass sich das Gehirn in dieser Zeit massiv entwickelt, hat aber auch für den Schlaf positive Konsequenzen. Kinder in diesem Alter schlafen besonders tief und zudem schnell ein. Diese Tiefschlafphasen zu erhöhen gelingt mit einer regelmäßigen Schlafenszeit. Während die Kinder im Kindergartenalter teilweise noch mittags schliefen, ist das spätestens in der Schule meistens nicht mehr der Fall.

Im Schlaf prägen sich erlernte Dinge im Gedächtnis ein und werden den entsprechenden Kategorien zugeordnet. Auch die motorischen Fähigkeiten, insbesondere neu erlernte, werden während des Schlafs gefestigt und die Verknüpfungen dafür gebildet. Diese Gedächtnisfähigkeiten bilden sich im Tiefschlaf. Das liegt daran, dass während dieser Schlafphase das Erlebte durchgearbeitet wird und so eben auch alles neu Gelernte. Das Gehirn entscheidet entsprechend, welche Dinge dauerhaft gespeichert werden sollen und demzufolge als erlernt gelten können.

Kinder, die ausgeschlafen sind, lernen besser. Bereits nach einer unruhigen Nacht kann die Lernleistung nach unten variieren. Daher ist für den gesunden Schlaf und optimale Hirnleistung auch die regelmäßige Schlafdauer entscheidend.

Schlafbedürfnis und Alter

In den verschiedenen Lebensphasen des Menschen variiert das Schlafbedürfnis stark. Während Babys noch sehr viel schlafen, kommen Menschen mit weitaus weniger Schlaf pro Nacht aus. Grundsätzlich haben Kinder allein durch die Wachstums- und Entwicklungsprozesse schon ein höheres Erholungsbedürfnis als Erwachsene. Man kann nicht genau sagen, wie viel Schlaf ein Mensch genau braucht, das ist individuell verschieden. Auch Erwachsene im gleichen Alter haben unterschiedliche Schlafbedürfnisse.

Wie lange sollte mein Kind wann schlafen?

In der folgenden Auflistung erhältst du Tipps zur Gesamtschlafzeit und auch der idealen Zubettgehzeit gestaffelt nach Alter und Schuljahr deines Kindes. Es gibt zwei verschiedene Aufstehzeiten. Die frühe Aufstehzeit liegt hier zwischen 6.15 und 6.45 Uhr, die spätere Aufstehzeit liegt zwischen 7.00 und 7.30 Uhr. Sollte dein Kind zu anderen Zeiten aufstehen, variiert natürlich auch die Zubettgehzeit nochmal dementsprechend nach oben oder unten. Die Empfehlung sieht aber auch vor, an Wochenenden, an denen das Kind nicht aufstehen muss, eine gleichbleibende Schlafzeit mit nicht zu sehr abweichenden Zeiten einzuhalten, in denen das Kind schlafen geht. Die Regelmäßigkeit ist wichtig, um in der folgenden Woche wieder nahtlos im Schlafrhythmus zu sein.

Diese Werte sind Richtwerte beziehungsweise Durchschnittswerte, sie können leicht variieren und dienen einer ersten Orientierung. Ein bis zwei Stunden Abweichung dieser Werte nach oben oder unten können durchaus normal sein und sind kein Hinweis auf einen Schlafmangel oder eine Erkrankung, wenn keine weiteren Merkmale hierzu auftreten oder bereits vorliegen.

- *5 Jahre / 1. Klasse:* Dein Kind sollte sich gute 11 Stunden ausruhen können. Für die frühe Aufstehzeit sollte es demnach zwischen 19 und 19.30 Uhr ins Bett gehen, für die spätere Aufstehzeit gegen 19.45 und 20.15 Uhr.
- *6 Jahre / 1. Klasse:* Dein Kind sollte nun bis zu 11 Stunden schlafen. Das bedeutet für die Schlafenszeit, dass es zwischen 19.15 und 19.45 Uhr (frühe Aufstehzeit) beziehungsweise zwischen 20.00 und 20.30 Uhr (spätere Aufstehzeit) im Bett sein sollte.
- *7 Jahre / 1.-2. Klasse:* Dein Kind braucht durchschnittlich knapp 11 Stunden Schlaf, etwas darunter. Es sollte zwischen 19.30 bis 20 Uhr (frühe Aufstehzeit) und 20.15 bis 20.45 Uhr im Bett sein und zur Ruhe finden.
- *8 Jahre / 2.-3. Klasse:* Dein Kind braucht grundsätzlich gute zehneinhalb Stunden Schlaf. Das bedeutet für die Zubettgehzeit 19.45 bis 20.15 Uhr (frühe Aufstehzeit) und 20.30 bis 21 Uhr (spätere Aufstehzeit).
- *9 Jahre / 3.-4. Klasse:* Hier stagniert die Empfehlung bei den Zeiten der 8-jährigen Kinder und greift auf das gleichbleibende Schafbedürfnis zurück. Grund könnten Entwicklungsschübe in dieser Zeit sein.
- *10 Jahre / 4.-5. Klasse:* Dein Kind kommt im Durchschnitt mit etwa 10 Stunden Schlaf gut aus. Das bedeutet für die Bettruhe 20.30 bis 21 Uhr (frühere Aufstehzeit) beziehungsweise 21 bis 21.30 Uhr.

Schlafvorbereitung

Nicht nur die Schlafenszeit und die Einschlafzeit, auch die Schlafvorbereitung sind ein wichtiger Aspekt beim Thema gesunder Schlaf.

Für Erwachsene ist es schon schwierig, abends abzuschalten, bei Kindern kommt der Punkt der Übermüdung und des dann aufgedrehten Zustandes sehr viel deutlicher zum Tragen. Die folgenden Punkte und Verhaltensweisen und Optimierungen der Umgebung können für Kinder hilfreich sein, um besser zur Ruhe zu kommen.

Fernsehen, PC oder Handy vor dem Schlafengehen?

Die grundsätzliche Antwort sollte hier Nein sein. Durch die Medienangebote ist das Kind unnötig aufgeregt und aktiviert. Viele Kinder nehmen das Smartphone mit ins Bett und ein fesselndes Fernsehprogramm oder ein aufregendes Spiel regen das Kind eher an, als dass es das Gehirn auf das Schlafengehen einstellt. Ein weiterer negativer Aspekt ergibt sich aus den Blaulichtanteilen in den Geräten. Die Blauanteile des Tageslichts regeln unseren natürlichen Tag-Nacht-Rhythmus und wirken daher maßgeblich auf den Schlafrhythmus ein. Am Abend sind sie geringer und sorgen dafür, dass sich der Körper auf die nächtliche Ruhe einstellt. Somit wird der natürliche Vorgang irritiert. Eine Ausnahme kann hier für ein sehr kurzes Programm, wie das „Sandmännchen", gelten. Gehört die Sendung zu einem festen Ritual, so ist es nicht erforderlich, diese jetzt dem Kind zu verwehren, da sie eine Dauer von sehr wenigen Minuten hat.

Licht, Raumtemperatur und Rituale

- *Licht und Dunkelheit:* Wie bereits kurz erwähnt sind die blauen Lichtwellen vorrangig im Tageslicht enthalten und können den Körper nicht auf den Schlaf vorbereiten. Künstliches Licht aus Bildschirmen und ähnlichem sollte daher komplett im Schlafbereich vermieden werden und ausgeschaltet sein. Durch Abdunklung des Raumes erreicht man die natürliche Regulation des Schlafrhythmus, da der Körper das Schlafhormon Melatonin vermehrt ausschütten kann. Auch im Sommer sollte die Möglichkeit bestehen, den Raum abzudunkeln, das kurzwellige blaue Licht nimmt zwar auch in dieser Zeit zum Abend hin ab, jedoch fördert Dunkelheit den weiteren Schlaf. Im Schlafraum sollte ein Verdunklungsrollo oder ähnliches vorhanden sein, welches die Fensterscheibe(n) komplett abdecken kann. Sollte dein Kind es gewohnt sein, ein kleines Nachtlicht zu haben, kann man dieses ruhig weiterhin benutzen, die meisten schalten sich nach einer Zeit aus, ansonsten lässt sich eine kleine Zeitschaltuhr einbauen. Hier sollte nur darauf geachtet werden, dass es sich wirklich um ein Nachtlicht handelt, da diese die Lichtwellen und die Gesamthelligkeit berücksichtigen.

- *Raumtemperatur:* Für einen erholsamen Schlaf stellt auch die Raumtemperatur eine wichtige Rolle dar. Ist es zu kalt im Schlafraum, friert man leicht und kann nicht durchschlafen oder sogar gar nicht erst einschlafen.
  Ein zu warmer Raum kann das Kind zwar durchschlafen lassen, jedoch kann der Körper nicht richtig und umfassend erholen, sodass das Kind am nächsten Morgen überhaupt nicht ausgeruht ist und sich den Tag über eher antriebslos und müde fühlt.
  Die ideale Raumtemperatur liegt bei 16 bis 18 Grad Celsius. Die Bettdecke deines Kindes sollte warm genug sein oder etwas dünner, um entsprechend kein Schwitzen zu verursachen. Hier solltest du bei deinem Kind entsprechende Decken ausprobieren und bei Bedarf auch nach Jahreszeit variieren, da es im Sommer nicht immer möglich ist, eine Raumtemperatur zwischen 16 und 18

Grad zu gewährleisten. Eine Verdunklungsjalousie mit Thermoschutzbeschichtung kann eine erste große Hilfe sein.

- *Rituale:* Abendlich wiederkehrende Rituale helfen deinem Kind einen gewohnten Schlafrhythmus zu finden. Dazu gehört dann auch der Prozess des Zähneputzens und Umkleidens fest dazu. So weiß das Kind, dass es nun bald ins Bett geht und der Körper sowie das Gehirn stellen sich automatisch auf den bevorstehenden Schlaf ein. Deswegen ist es wichtig, dass am Abend gleichbleibende Abläufe für dein Kind gegeben sind. Hilfreich kann direkt vor dem Schlafengehen altersentsprechend auch eine Geschichte oder eine kleine Massage sein. Ein warmer Kakao oder eine warme Milch fördern das Einschlafen, sollten aber wegen des enthaltenen (Milch-) Zuckers direkt vor dem Zähneputzen getrunken werden. Sie wirken über die Wärme im Bauch und Füllung des Magens. Dies beruhigt und beschäftigt den Körper mit Verdauungsprozessen, sodass sich der Schlaf schneller einstellt.

  Tagsüber sollte sich dein Kind ausreichend bewegen, wenn es möglich ist an der frischen Luft. Kurz vor dem Schlafengehen ist es allerdings ratsam, auch kein Umhertollen und Sport zuzulassen, da der Körper und Geist deines Kindes zunächst wieder aktiviert wird und nicht augenblicklich zwischen Aktivität und Ruhemodus umschalten kann - es benötigt eine gewisse Zeit zum „Herunterfahren".

Das Schlafverhalten deines Kindes kannst du mit den entsprechenden Mitteln beeinflussen. Stellst du weiterhin nächtliche Unruhe oder ungewollt häufiges Aufwachen fest, kann ein Besuch beim Kinderarzt hilfreich sein, um andere Probleme auszuschließen, die sich nicht auf die Schlafvorbereitung zurückführen lassen.

2.5 Stressreduktion

Da es schon durch kurze Stressphasen zu einer übermäßigen Belastung des Organismus und vor allem der kognitiven Leistungsfähigkeit kommt, sollte Stress grundsätzlich vermieden werden. Manchmal ist das aber nicht möglich, sodass es erforderlich ist, Stressoren soweit möglich zu minimieren und hinsichtlich der nicht vermeidbaren Stressoren gezielten Stressabbau zu betreiben. Im normalen Verlauf des Schuljahres kommt es zum Beispiel zwangsläufig zu Stressphasen, da in dieser Zeit gehäuft Tests und Klausuren geschrieben werden, um den Lernstand deines Kindes zu beurteilen. Häufig wird ein um den anderen Tag ein anderes Fach abgefragt und somit ist kurzfristig viel zu lernen. Das ist aber nur ein Faktor für Stress und die Kinder gehen sehr unterschiedlich damit um. Manche Kinder halten Stressphasen leichter Stand, während andere sehr schnell die genannten Einbußen zu bewältigen haben. Wie du am besten Stress vermeiden kannst, der deinem Kind schadet, erfährst du in diesem Abschnitt. Es geht hier vor allem um den psychisch hervorgerufenen Stress, der von äußeren Gegebenheiten auf dein Kind einwirkt.

Gezielte Freizeit

Stress entsteht vor allem dann, wenn es um Termindruck und Dinge geht, die man selbst nicht komplett beeinflussen kann. Das Leben wird von außen so stark beeinflusst, dass andere Sachen nicht in ausreichendem Maße stattfinden können. Wichtig ist zunächst, ein Maß zu finden. Wie sehr nimmt die Schule und die damit verbundenen Aufgaben die Zeit deines Kindes in Anspruch? Die verbleibende Zeit sollte deinem Kind überwiegend für selbst gewählte Freizeittätigkeiten zur Verfügung stehen. Es braucht genug Möglichkeiten, um die Dinge zu machen, die ihm Spaß machen, vor allem auch mit anderen Kindern zu spielen oder sich einfach auch mal einen Tag ausruhen zu können, ohne ein spezielles Programm zu haben. Diese Phasen sind wichtig, um notwendigen Prozessen im Gehirn Raum zu geben. Sie sollten grundsätzlich als täglicher Ausgleich eingebaut werden können. Natürlich kann dein Kind auch an festen Angeboten im Turnverein oder anderen Dingen teilnehmen, sofern es ihm Spaß macht und es diese Tätigkeiten als einen Ausgleich zu dem vorgegebenem Pensum in der Schule ansieht. Nicht selten wird die manchmal knappe Freizeit mit festen Verbindlichkeiten und Terminen belegt, die dann aber nur für noch mehr Stress und Termindruck sorgen und dabei keinen Ausgleich zur Arbeitsbelastung bringen können. Der Spaß und die Freude auf oder an einer Sache sind ein sehr wichtiger Faktor in der Stressreduktion. Wenn sich ein Kind auf den gemeinsamen Nachmittag mit der Freundin oder dem Freund oder einen Ausflug beziehungsweise die Sportstunde freut, ist es von allein sehr viel bestrebter die vorher notwendigen Aufgaben zielführend zu erledigen und die Arbeitszeit daran nicht unnötig zu verlängern. Die Kinder müssen erst lernen mit den Stressoren umzugehen und je besser sie das letztendlich beherrschen, desto mehr Energie, Konzentration und Freude zeigen sie auch bei den schulischen Arbeiten. Sie erfahren erstmals selbst in der Schule, was es für sie an Zeiteinbußen bedeuten kann, wenn sie mit den unterschiedlichen Aufgaben nicht umzugehen wissen und merken dann im Gegenteil genauso, wie wichtig ein Freizeitausgleich ist, wenn er fehlt. Nicht immer muss dieser Ausgleich ganz selbstbestimmt sein, viele Kinder freuen sich auf Wochenendausflüge und Familienfreizeit schon lange, bevor sie überhaupt stattfinden kann und fiebern diesem Zeitpunkt nahezu entgegen. In diesen Zeiträumen sollte die Schule am besten vergessen werden, um Kinder in ihren „kindlichen Flow" und ihre natürliche Mitte kommen zu lassen.

Gespräche und Gemeinsamkeiten

Die offene Kommunikation und das Gespräch sind ein verkannter Faktor in der Stressreduktion. Aber vielfach hört man auch von Erwachsenen: „Jetzt, wo ich darüber gesprochen habe und einfach nur mal mit jemandem sprechen konnte, fühle ich mich schon viel besser." Manche Dinge verursachen einfach Stress aus der Tatsache heraus, dass man sich damit alleingelassen fühlt. Auch dein Kind kann zu solch einem Schluss kommen, wenn es von der Annahme ausgeht, dass es die Dinge selbstständig lösen soll. Wenn du deinem Kind genau zuhörst, kannst du es entlasten, indem du seine Sorgen teilst, findest aber auch heraus, was es gerade benötigt oder was es generell belastet.

Es muss jedoch nicht immer um das eigentliche Thema gehen, welches Stress verursacht. Auch der Austausch mit vertrauten Personen über ganz andere Dinge kann Freude bereiten und lenkt so von den Faktoren ab. Zeitweise ist Ablenkung wünschenswert, da es nicht um eine Aufschiebung geht. Das Gehirn soll sich in dieser Zeit anderen Dingen zuwenden, um später die notwendige Konzentration aufbringen zu können. Dabei ist es gewünscht, dass unterschiedliche Bereiche der Kognition angesprochen werden und so einige ruhen, während andere besonders aktiv sind. Eine wundervolle Kombination ist die Ausübung eines gemeinsamen Hobbys beziehungsweise einer gemeinsamen Aktivität – dies kann beispielsweise auch ein Spaziergang sein – und das nebenher stattfindende Small-Talk-Gespräch.

2.6 Was tun bei Krankheiten, die die Konzentration schwächen?

In diesem Abschnitt geht es weniger um akute Krankheiten als vielmehr um solche, die dauerhaft die Konzentration und Kognition verändern oder beeinträchtigen. Diese Krankheiten könnten Legasthenie, LRS, Dyskalkulie, AD(H)S, Formen von Autismus und ähnliche sein. Dein Kind soll natürlich genau die gleichen Bildungs- und Entwicklungsmöglichkeiten bekommen, wie ein Kind ohne eine solche Erkrankung. Deshalb ist es wichtig, deinen Sohn oder deine Tochter in diesen Punkten maximal zu unterstützen. Dabei geht es vor allem darum, die Stärken herauszuarbeiten und mit diesen Stärken Schwächen bestmöglich auszugleichen. Nicht immer findet sich ein adäquater Ersatz für einen Punkt, an dem Einschränkungen bestehen, hier sind dann weitere Hilfen nötig, die auch beispielhaft genannt werden sollen.

Defizitausgleich und Stärken nutzen

Um ein Defizit auszugleichen, ist es nötig beides zu kennen, das Defizit, wie auch die besonderen Stärken deines Kindes. In vielen Fällen gehen die genannten Erkrankungen damit einher, dass sie zwar in einem Punkt ein Defizit bilden, in anderen Punkten daraus aber besondere Stärken resultieren. Das begründet sich daraus, dass das Gehirn anders arbeitet. Es funktioniert nicht wie bei den meisten Menschen, ist aber nicht etwa weniger leistungsfähig. Es verarbeitet Dinge anders, ordnet Zusammenhänge anders zu. Daraus können sich vorher unbeachtete Möglichkeiten ergeben, wie dein Kind zu seinem Lernziel kommt.

Stärken erkennen

Häufig ist es so, dass ein vermeintliches Defizit schnell erkannt ist, die Stärken aber unbeachtet bleiben und selbst für dich als Elternteil nicht genau herausstechen. Ein Kind mit Legasthenie kann zum Beispiel ein fotografisches Gedächtnis haben und die Informationen so wieder abrufen, indem es ein Bild vor seinem inneren Auge hat, da das Speichern von Informationen an einem anderen Punkt beziehungsweise durch ein anderes System geschieht. Wenn man bei diesem Beispiel bleibt, sieht man, wie vielfältig die Möglichkeiten sind. Auch könnte das Kind besonders gute mathematische Fähigkeiten haben. Es ist wichtig, dass du dein Kind beobachtest und vor allem mit den Stärken arbeitest. Das gilt auch für die Konzentration, um krankheitsbedingte Konzentrationsdiebe so weit wie möglich auszuschalten..

Stärken gezielt einsetzen

Aus dem vorigen Beispiel wäre für das Kind mit der Legasthenie eine Förderung durch die Aspekte des visuellen Lerntyps möglich, um die Voraussetzungen zu verbessern. Auch kann es sein, dass es sehr auditiv ausgeprägte Fähigkeiten hat, dann wäre diese Methode zu fördern. Natürlich bleibt dann noch die Frage offen, wie man mit der Legasthenie umgehen kann, hier ist natürlich ein direkter Ausgleich nötig, wenn es darum geht, das Kind zu motivieren, sich überhaupt an das Lesen und Schreiben heranzuwagen und dort Methoden finden. Dieser Defizitausgleich wäre aber auf diese Punkte beschränkt und zieht sich nicht durch alle Lebens- und Lernbereiche, da die Legasthenie hier selbst als der Konzentrationsdieb allem anderen voranstehen würde. Es ist wichtig, dass dein Kind nicht mit dem Ausgleich des Defizits überfordert wird, sondern man dort gezielt ansetzt mit der Nutzung der Stärken, die bei deinem Kind vorhanden sind. Im konkreten Beispiel könnte man nun Lerninhalte unterstützend bildhaft darstellen oder Texte wie auch Dinge, die es lernen soll, in Audioform – vielleicht vorgelesen oder aufgesprochen – zur Verfügung stellen. Daraus entsteht ein bestmöglicher Nutzen, der es deinem Kind ermöglicht, mit Freude die Dinge zu erkunden und auch eine emotionale Unterstützung zu bieten, da es sieht, dass es ebenso wie alle anderen in der Lage ist, die Dinge zu lernen, nur einen anderen Weg dafür nutzt als die meisten Menschen es tun.

2.7 Die Schule als Helfer

Konzentrationsdiebe treten natürlich nicht ausschließlich in der häuslichen Umgebung auf, sondern ziehen sich durch den Schulalltag. Daher ist es wichtig, deinem Kind zu helfen, in der Schule eine gute Position beziehen zu können und dort auf Mithilfe und ein gemeinsames Ziel setzen zu können.

Erste Gespräche mit Lehrern

Das Gespräch mit den Lehrkräften und der Kontakt gestalten sich nicht immer leicht. Die Lehrkräfte haben mehrere Klassen und viele Schüler zu betreuen, das Augenmerk liegt häufig allein in der abgefragten erbrachten Leistung. Du solltest daher das Gespräch mit den Lehrern deines Kindes möglichst rechtzeitig anbahnen, um den Austausch zu ermöglichen und die Probleme darstellen zu können. Manche Methoden, die im häuslichen Bereich anwendbar sind, können nach Absprache in die Schule übertragen werden, sodass dein Kind auch dort eine bessere Konzentration aufbauen kann.

Darstellung und Positionsstärkung

Für die Sensibilisierung der Lehrkräfte deines Kindes solltest du ein persönliches Gespräch nutzen, meistens ist es effektiver als ein Telefonat. Das Gespräch solltest du so früh wie möglich, jedoch auch so passend wie möglich, führen. Es ist besser, wenn du zu Hause schon erfolgreich erste Strategien zur Konzentrationssteigerung umsetzen konntest und diese der Schule mitteilen kannst. So lässt sich die Situation auch für die jeweilige Lehrkraft am besten nachvollziehen und es kann gemeinsam über Strategien nachgedacht werden, die sich in der Schule auch einbringen lassen, ohne dass sie den Unterricht verlangsamen oder andere Kinder hindern, genauso am Unterricht teilzunehmen.

Reflexionsgespräch

Der weitere Kontakt und Gespräche, wie bestimmte Maßnahmen auch in der Schule für dein Kind funktionieren, sollten in regelmäßigen Abständen mit den Lehrern stattfinden. Das ist sehr wichtig, um die Methoden zu überprüfen und vielleicht zu verbessern. Hier besteht auch die Möglichkeit zwischendurch zu telefonieren oder sich schriftlich, zum Beispiel per E-Mail, auszutauschen. Die besprochenen Maßnahmen können in diesen Gesprächen betrachtet und reflektiert werden, gegebenenfalls so angepasst, dass sie einen größtmöglichen Nutzen haben.

Schulische Angebote nutzen

Neben dem direkten Einwirken in der Schule im Kontext mit den Lehrern bieten die Schulen bestimmte Programme und Wahlaktivitäten. Diese variieren, daher muss man das Angebot der Schule erfragen. Sinnvoll unterstützende Aktivitäten können auch kleine Lerngruppen sein oder eine Arbeitsgemeinschaft für Knobelaufgaben. Angebote zur Hausaufgaben- oder Wochenplan-Erledigung können sich ebenfalls im individuellen Fall als hilfreich erweisen, da die Lehrer dort mit einer kleineren Gruppe als der sonst üblichen Schülerzahl im Klassenverband arbeiten.

Sozialer Kontext

Dein Kind ist mit Konzentrationsschwierigkeiten nicht allein. Es gibt möglicherweise sogar Mitschüler, bei denen ganz ähnliche Probleme auftreten. Solange sich die Kinder nicht gegenseitig ablenken, sondern gut zusammenarbeiten, lohnt es sich, darüber nachzudenken, sie zu motivieren, mehr gemeinsam auszuarbeiten und sich so gegenseitig zu unterstützen. Nebenbei ergibt sich daraus meistens ein Austausch mit gleich betroffenen Eltern, woraus sich noch neue Ideen und Möglichkeiten ableiten lassen. Hier ist es wichtig, die Gemeinsamkeiten der Kinder zu erkennen und zu versuchen die Kinder gleichermaßen zu motivieren und zu bestärken. Die Kinder entwickeln auch selbst Strategien, wie sie am besten zu einer Lösung kommen und schauen sich diese voneinander ab.

2.8 Häusliche Umgebung und Familie

Das häusliche und soziale Geschehen beeinflusst Kinder in allen Bereichen maßgeblich. Sie orientieren sich an den Vorgaben von zu Hause, nehmen diese sogar als ihre persönliche Lebensvorstellung, die sich erst später mehr und mehr auch mit den Einwirkungen von außen verändert. Auch bei der Konzentration, dem Arbeitsverhalten und dem eigenen sozialen Verhalten orientieren sich die Kinder an ihren Vorbildern.

Soziale Beziehungen und Verluste

Kinder erleben viele Dinge neu und müssen diese in ihrem Erleben verarbeiten. Verluste kommen dabei auf den verschiedensten Ebenen zustande. Sie sind nicht nur Verluste durch Tod, sondern sie ergeben sich aus vielen anderen Dingen, die Erwachsene möglicherweise nicht als solche ansehen. Kinder halten sich im Alltag an die gewohnten Dinge. Deshalb ist es für sie wichtig, Rituale und Routinen zu haben. Selbst eine Veränderung bringt daher auch einen Verlust mit sich, mit dem das Kind umgehen muss. Manche Kinder haben größere Schwierigkeiten mit Veränderungen und Verlusten umzugehen als andere. Es kommt darauf an, wie einschneidend das Kind, den Verlust des vorigen erlebt. So ist zum Beispiel auch der Übergang vom Kindergarten in die Schule ein Verlust. Es ist eine große Veränderung mit neuen Dingen, setzt aber voraus, dass das vorige gewohnte abgeschlossen und verabschiedet wird. Auch soziale Verbindungen ändern sich, nicht alle Freunde sind mehr in der Schule dabei. Noch größere Verluste stellen Trennungen der Eltern dar und ähnliche Gegebenheiten. Auch wenn der Elternteil das Kind besucht und erhalten bleibt im Kontakt, bedeutet es den Verlust der gewohnten Familienstruktur, der uneingeschränkten Kontaktmöglichkeit und der bisherigen Gewohnheit.

Es ist völlig normal und wichtig, verschiedene Arten von Verlusten in der Entwicklung zu erleben. Es geht nicht darum, diese zu verhindern, viele lassen sich nicht verhindern. Es ist vielmehr wichtig, als Elternteil zu verstehen, dass es einen Verlust gibt und dem Kind den Raum für die Verarbeitung zu lassen. Du kannst deinem Kind so viel wie möglich rechtzeitig ankündigen, was absehbar ist– das sind leider nicht alle Dinge im Leben. Spontane große Veränderungen können dein Kind überfordern, es ist nicht in der Lage angemessen zu reagieren, leidet unter Stress und daraus resultierend kognitiven Schwierigkeiten. Diese Schwierigkeiten können nur überwunden werden, wenn du die Ursache mit deinem Kind bewältigst. Sobald dein Kind mit der entsprechenden Veränderung umgehen kann, wird es die Aufmerksamkeit auf die Hausaufgaben und Schulaufgaben lenken können. Teile deinem Kind mit, wie dich die Situation beeinflusst und wie du solche Dinge wahrnimmst. Führt häufig Gespräche und versucht daraus eine Strategie zu entwickeln. Gibt es einen Verlust, der eine radikale Änderung der bisherigen Gewohnheiten bedeutet, erarbeitet eine Strategie, wie ihr diese Veränderung akzeptieren und neue Abläufe etablieren könnt.

Konzentration lenken in schwierigen Zeiten

Es ist nicht leicht, sich auf Dinge zu konzentrieren, die im Alltag bleiben und notwendig sind, wenn man im Grunde mit dem Kopf in einer ganz anderen Situation ist und die Gedanken sich darum bewegen. Das fällt Erwachsenen bereits schwer und wird bei deinem Kind womöglich noch stärker ausgeprägt sein. Dein Kind muss erstmal verstehen, dass es wichtig ist, die bisherigen Dinge nicht aus den Augen zu verlieren. Kinder schauen viel mehr ausschließlich auf den Moment als auf die Zukunft und sehen nicht, warum sie dann auch noch Hausaufgaben machen oder den Alltag weiterleben sollen. In solchen Situationen brauchen sie vor allem Anleitung und Unterstützung. Wichtig sind das tief gehende Verständnis und das Gespräch, in dem klar wird, wie die Dinge in der Zukunft aussehen werden und was dafür wichtig ist beizubehalten. Du kannst dein Kind unterstützen, indem du kleine Zeitspannen für die Aufgaben setzt, ihm ermöglichst mit dir über die Situation zu sprechen und deine Anerkennung zeigst. Wichtig ist das ehrliche Lob, denn daraus kann dein Kind lernen mit Verlustsituationen umzugehen und erkennt von Mal zu Mal besser, wie es sich verhalten kann.

2.9 Kindliches Erleben und die Psyche

Das Empfinden und die Wahrnehmung deines Kindes sind noch viel sensibler als bei Erwachsenen, bei denen sich die Persönlichkeit bereits geformt hat. Nicht nur der Körper entwickelt sich, sondern auch die Psyche und der Geist.

Lob und Anerkennung

Manche Eltern fragen sich, wozu es überhaupt Lob und Anerkennung braucht. Es ist sehr wichtig Dinge positiv zu erwähnen, das bezieht sich nicht ausschließlich auf Leistung, sondern auch auf das Verhalten deines Kindes. Nur wenn ein Kind Lob bekommt, kann es auch lernen, entsprechend mit Kritik umzugehen und kritikfähig zu sein. Kinder, die kein ausreichendes Lob bekommen, aber laufend etwas falsch machen, werden sich selbst als Versager sehen, die nichts schaffen und dadurch kein Selbstvertrauen und Selbstwertgefühl aufbauen können. Wenn ein Kind weiß, dass es überwiegend die Dinge richtig machen kann, wird es Kritik konstruktiv umsetzen. Diese Fähigkeit ist eine wichtige Grundlage für das ganze weitere Erleben und die Reife der Psyche. Nur auf einer Basis von wohlwollendem Lob kann ein Kind lernen sich von einer Kritik nicht entmutigen zu lassen. Eine Kritik darf sich immer nur auf eine konkrete Situation beziehen und sollte in keinem Fall in der Persönlichkeit des Kindes angelegt sein. Hilfreich ist für dein Kind bei einer Kritik eine Veränderungsanregung mitzugeben und es entsprechend zu loben, wenn es die Kritik entsprechend angenommen und umgesetzt hat. Noch schwieriger als von vornherein etwas gut zu können, ist es nämlich ein Verhalten zu verändern und das sollte entsprechende Anerkennung finden.

Abkommen von leistungsorientierter Liebe

Es gibt eine wichtige Unterscheidung zwischen Lob und leistungsorientierter Liebe. Das Lob sollte zusätzlich kommen, während sich dein Kind deiner bedingungslosen Liebe hingegen immer sicher sein kann. Es muss den Raum haben, Fehler machen zu dürfen und trotzdem die Sicherheit zu haben, geliebt zu sein. Daraus bildet sich ein vertrauensvolles und liebevolles Verhältnis. Leistungsorientierte Liebe ist dann gegeben, wenn das Kind nur bei entsprechender Leistung die Liebe der Eltern erfahren kann. Daraus kann sich neben wenig Vertrauen auch eine Fehlannahme bei den Kindern festsetzen. Sie denken, dass sie nur dann gut sind, wenn sie die entsprechende Leistung bringen, zum Beispiel in Form von guten Noten. Dein Kind braucht jedoch das Gefühl, dass es mit Problemen zu dir kommen kann und dort immer einen entsprechenden Raum findet. Manchmal haben Eltern zwischendurch aufgrund von Anstrengungen das Gefühl, ihr Kind nicht richtig zu lieben. Diese Gefühle treten häufig auf, insbesondere in schwierigen Phasen. Kinder bringen die Eltern manchmal an ihre Grenzen und Eltern empfinden dabei zeitweise auch negative Gefühle. Hier kannst du für Ausgleich sorgen, indem du überlegst, was dir mit deinem Kind zurzeit besonders viel Spaß macht und so einen Ausgleich zu normalen Frustsituationen schaffen.

Soziale Verhaltensweisen können später sehr viel schwerer nachgelernt werden und die grundlegende Beziehung zu den Eltern ist eine erste wichtige Stufe.

Mein Kind ist immer dagegen

Manche Kinder sind sehr schwer zu etwas zu motivieren, da sie immer genau das Gegenteil von dem wollen, was der Elternteil oder jemand anderes gerade möchte. Wenn du gerade Spaghetti kochst, dein Kind aber Reis möchte, obwohl sonst Nudeln das tollste Essen auf der Welt sind. Dein Kind hat einen Drang nach Selbstbestimmung und testet sich aus. Das kann zu Schwierigkeiten und Streitigkeiten führen, wenn es darum geht, ihm zu vermitteln, dass die Hausaufgaben und das Lernen eine notwendige Sachen sind, da sich dein Kind grundsätzlich dagegenstellt. Dein Kind versucht, sich nirgendwo unterordnen zu müssen. Dabei kann es sein, dass dein Kind einen Verlust von Kontrolle empfindet und sich dadurch in einer ausgelieferten und bedrohten Situation sieht. Du kannst deinem Kind in solchen Situationen entgegenkommen. So geht ihr Streit und einer totalen Eskalation aus dem Weg. Wenn dein Kind eine Wahl hat, fühlt es sich besser, da ihm nicht gesagt wird, dass es nur diese eine Möglichkeit gibt. Biete ihm also die

Option zu wählen, beispielsweise ob es sofort die Hausaufgaben erledigt oder in zehn Minuten, ob es das Fach Deutsch bearbeiten möchte oder lieber zuerst an den Matheaufgaben arbeiten möchte. Dein Kind hat eine Sicherheit, dass es selbst mitbestimmt. Das Gefühl der Machtlosigkeit entfällt, da es aktiv am Entscheidungsprozess teilnimmt. Durch diese Entscheidungen entsteht im Nachhinein kein Nachteil, zehn Minuten machen grundsätzlich nichts aus für den Beginn der Hausaufgaben und welches Fach zuerst und zuletzt bearbeitet wird, ist auch nicht erheblich. So vermeidest du die ständige Konfrontation mit deinem Kind. Bleibe dabei und bestimme nur dann Dinge selbst, wenn es nicht anders möglich ist. Es kommt dann zwar zu Streitigkeiten, manchen Kindern hilft es aber, wenn sie eine Erklärung haben, warum eine Sache nicht anders zu machen ist in dem Moment und man sich nicht auf Diskussionen einlassen kann.

Mein Kind verlässt sich nur auf mich

Entgegen der Kinder, die immer dagegen sind, gibt es auch solche, die sich zu sehr an den Eltern orientieren und äußerst skeptisch sind, wenn es darum geht eigene Entscheidungen zu treffen und selbstständig etwas umzusetzen. Dein Kind fühlt sich nur in deiner Nähe und mit deinem Zuspruch wohl. Das Selbstvertrauen ist wenig ausgeprägt und oft zeigen sich die Kinder geradezu ängstlich im Kontakt mit anderen Menschen. Manchmal hat ein Kind eine schlechte Erfahrung gemacht und verhält sich deshalb danach sehr zurückhaltend und sucht die Sicherheit bei den Erwachsenen, die es kennt und die es beschützen. Das kann sogar Schwierigkeiten bei den Hausaufgaben und dem weiteren Bildungsweg mit sich bringen. Dein Kind verlässt sich darauf, dass du ihm sagst, wie etwas funktioniert und was es machen soll. Beginne damit, dein Kind in kleinen Schritten daran zu gewöhnen auch Dinge ohne dich und deinen laufenden Zuspruch zu erledigen. Lass dein Kind kleine Bereiche ausarbeiten und dehne diese Bereiche nach und nach aus. Gib deinem Kind immer wieder den Zuspruch, dass es die Sachen schaffen kann und zeige es ihm auf, wenn es einen Teil erledigt hat. Letztendlich orientiert es sich an dieser Routine, die ihm Sicherheit gibt und wird die Aufgaben eigenständig erledigen.

3

Etablierung und langfristige Methoden

In diesem Teil sollen die kurzfristigen Methoden überprüft werden und langfristig sich auswirkende Maßnahmen vorgestellt werden. Du erfährst, wie du die Konzentration deines Kindes mit Methoden stärken kannst, die du immer wieder anwendest und in euren Alltag etablierst.

3.1 Lernwege und Konzentrationsfähigkeit

Hier geht es darum, die Konzentrationsfähigkeit durch Vereinfachung und Routinen zu stärken. Wenn dein Kind auf bewährte Lernmethoden zurückgreifen kann, kann es sich darauf konzentrieren und diese Methoden bei neuen Aufgaben anwenden und so anpassen, dass sie dort ebenfalls funktionieren. Das erfordert Übung und Wiederholung, damit das Gehirn das „praktisch im Schlaf kann", wie man sprichwörtlich sagt, was aber auch seine Grundsätze beim Thema Schlaf und Lernen hat (siehe hierzu Kapitel 2.4).

Es sollen im folgenden Abschnitt Methoden gezeigt und erklärt werden, die deinem Kind Lernziele näherbringen.

Hirn-Leistungs-Training

<u>*Begriffserklärung und Bedeutung*</u>

Nicht immer wird der Begriff „Hirn-Leistungs-Training", im folgenden HLT genannt, gleichermaßen benutzt. Es gibt viele Synonyme, die jedoch das gleiche bedeuten. Kognitives Training, Gehirntraining, Gedächtnistraining, Denksport oder zerebrales Training werden häufig ebenso verwendet. Der Begriff HLT stammt eher aus dem ergotherapeutischen Bereich.

In der Ergotherapie hat HLT sogar eine therapeutische Bedeutung und wird vom Arzt entsprechend verordnet. Bei der HLT soll das gesamte Gehirn trainiert und gefördert werden. Sowohl die Reize als auch die Verarbeitung sollen trainiert und geübt werden. Dadurch werden höhere Denk- und Gedächtnisfunktionen gefördert. Zu diesen Funktionen zählt beispielsweise abstraktes Denken, also das Herausfiltern und Übertragen von konkreten Informationen auf die Metaebene. Diese Fähigkeit zu beherrschen bringt eine Menge Vorteile für das Lernen. Dein Kind kann sich auf die Dinge konzentrieren, die für eine Lösung benötigt werden. Alles, was irrelevant ist, kann es herausfiltern und beiseiteschieben. Die Aufmerksamkeit ist also auf den bedeutenden Inhalt gerichtet. HLT trainiert genau gesagt das Lernen auf neuronaler Ebene (Nervenzellebene). Dadurch ergeben sich Veränderungen in der Großhirnrinde. Werden in den verschiedenen Bereichen Reize ausgelöst durch ein Training werden die Nervenbahnen und Verbindungen im Bereich des Cortex (=Großhirnrinde) ausgebaut. Faszinierend ist, dass diese Verbindungen auch nach Beendigung des Trainings erhalten bleiben. HLT beeinflusst damit das Denken und die Lösungsansätze. Diese Eigenschaften sind nicht nur für Kinder erlernbar, sondern können nachgewiesen bis ins hohe Lebensalter trainiert und erlernt werden. Daraus ergibt sich, dass HLT nicht nur bei diagnostizierten Beeinträchtigungen in einem Rahmen von ergotherapeutischer Behandlung sinnvoll ist, sondern auch zu einer verbesserten Konzentration nachhaltig beitragen kann, da die erzielten Erfolge dauerhaft erhalten bleiben und einfach abgerufen werden können.

HLT baut von den Schwierigkeitsgraden her aufeinander auf. Zunächst werden die Bereiche Aufmerksamkeit, Informationsverarbeitung und Gedächtnis trainiert. Darauf aufbauend folgt dann das abstrakte Denken und das logische Denken.

Ärztlich verordnet wird HLT meist nur bei einer diagnostizierten Störung der Kognition aufgrund unterschiedlichster Ursachen. Wie sich jedoch herausgestellt hat, ist es auch für Kinder und erwachsene Menschen sehr hilfreich, die keine solche therapeutisch indizierte Störung haben, da es ihre Konzentrationsfähigkeit, ihr lösungsorientiertes Handeln sowie ihr Gedächtnis gleichermaßen verbessert.

Anwendung

HLT sollte individuell abgestimmt sein. Insbesondere bei Kindern sind das Alter und die entsprechende Erfahrung beim Lernen dem Ansatz zugrunde zu legen. HLT sollte Spaß machen und auch spielerisch eingebaut werden. Die Aufgaben sind zwar meistens mit einigen Sprach- oder Leseoptionen gestaltet, können jedoch vielfältig gestaltet werden, sodass eine altersgerechte Anwendung gewährleistet ist. Ein besonderer Ansatz sind ABC-

Listen und KAWAs (kreative Ausbeute von Wortassoziationen). Dazu muss dein Kind bereits in der Lage sein, erste Wörter zu schreiben, es ist also ab Ende des ersten Schuljahres anwendbar. Bei diesen beiden Methoden werden Zusammenhänge gebildet und neue Ideen einbezogen, beide Ansätze stammen von Vera F. Birkenbihl. Sie brauchen kein Material und sind individuell gestaltbar. Weiterführend gibt es Wortspiele und Wortsuchrätsel, die jedoch erst etwas später angewendet werden können, etwa im Laufe des zweiten Schuljahres beginnend.

- *ABC-Listen:* Bei den ABC-Listen schreibt man das komplette Alphabet untereinander auf das Blatt und wählt ein Thema, welches als Überschrift aufgeschrieben wird. Nun überlegt man sich zu dem Thema Wörter. Diese sollen jeweils mit dem Anfangsbuchstaben des Alphabets beginnen und es sollen so viele Plätze wie möglich gefüllt werden. Es gilt aber: Mut zur Lücke! Denn nicht zu jedem Buchstaben können einem entsprechende Wörter einfallen, insbesondere x und y bleiben dabei häufig übrig, da es kaum ein Wort mit diesen Buchstaben am Anfang gibt. Wenn man bei der Ausarbeitung aber tiefer in das Thema hineingeht, fallen einem zu anderen Buchstaben eventuell auch mehr Wörter als ein Wort ein.
  Besonders unterhaltsam ist die Methode, wenn sie mit anderen zusammen angewendet wird. Wenn man fertig ist, kann man die Listen vergleichen und sehen, was der andere gefunden hat. Dabei kann man die eigenen Listen vervollständigen und sich zu dem Thema austauschen. So werden nicht nur Lerninhalte konkretisiert, sondern das Gehirn für neue Verknüpfungen trainiert.
  Zu Beginn solltest du deinem Kind Zeit lassen mit den ABC-Listen zu arbeiten. Wenn es mit der Arbeit und

Anwendung vertraut ist, kannst du auch ein Zeitlimit setzen. Zum Beispiel hat dein Kind dann 5 Minuten Zeit die Liste mit allem zu füllen, was ihm zum Thema einfällt. Wie gesagt ist es dabei nicht gewollt oder erforderlich, dass die Liste vollständig gefüllt wird.

- *KAWAs:* Bei einem KAWA nimmt man sich ein Blatt und schreibt das Wort, um das es geht, also das Thema in die Mitte. Meistens in Großbuchstaben. Nun überlegt man sich Dinge zu dem Thema, die dazugehören. Die Herausforderung ist, dass diese Dinge mit einem Buchstaben beginnen müssen, der in dem Themenwort vorkommt. Bei dem Thema WETTER wäre das für das W zum Beispiel Wind, Wasser bzw. Wolken usw. und bei R Regen. Die Buchstaben können mehrfach verwendet werden, sodass auch alle genannten Wörter in das KAWA eingebracht werden können, denn sie dienen ja dem erweiternden, aber fokussiertem Denken und sollen deshalb einbezogen werden. Im Gegensatz zu ABC-Listen, wo auch wieder „Mut zur Lücke" gilt, hat man bei einem KAWA nur einen kleinen Teil an Buchstaben zur Verfügung. Das bedeutet je kürzer das eigentliche Wort, desto mehr Nachdenken muss man. Ziel sollte sein, zu jedem Buchstaben einen passenden Begriff zu finden oder eine kurze Anmerkung, wenn ein Begriff nicht ausreicht. Wenn man nochmals das Beispiel WETTER betrachtet

könnte bei W auch Wechsel von Sonne und Regen = Regenbogen stehen und vieles mehr. Dies ist nur eine beispielhafte Erklärung.
Ein KAWA lässt sich auch im Unterricht oder für die Ausarbeitung eines Themas gut anwenden. Es hält wach, fokussiert die Aufmerksamkeit und trainiert nebenbei. Nebenbei lässt sich das Thema sofort vertiefen.
Eine Ausweitung der KAWA-Methode ist ein KAGA. Dabei wird ein Wort in eine Grafik verwandelt. Diese Technik kann man einführen, wenn die Anwendung von KAWAs routiniert ausgeführt werden kann. Das G steht dabei für Grafik, weil man das Wort visualisiert. Diese Methode ist für geübte KAWA-Nutzer einfach, jedoch für Neulinge zunächst sehr abstrakt.

- *Wortsuchrätsel:* Bei Wortsuchrätseln soll das Gehirn selektieren und Verbindungen finden. Wortsuchrätsel verstecken aufgelistete Wörter in einem Kontext von nicht sinnvoll zusammenhängenden Buchstaben. Die aufgelisteten Wörter sollen dann aus dem Buchstabenwirrwarr herausgesucht werden. Je nach Übung und Klassenstufe können die Wörter waagerecht, senkrecht, diagonal und auch rückwärts versteckt sein. Das sollte man langsam steigern. Auch die Größe dieser Wortsuchrätsel sollte gesteigert werden.

Gehirn und verknüpfendes Denken

Je mehr Bereiche im Gehirn übergreifend genutzt und beansprucht werden, desto mehr Verbindungen werden gebaut. Eine Sache aus verschiedenen Blickwinkeln zu betrachten und mit unterschiedlichen Methoden zu erarbeiten fördert die Kreativität im Gehirn und gibt deinem Kind einen Raum für Lösungswege. Dein Kind kann aus den Methoden später die heraussuchen, die am effektivsten zum Ziel führen. Beim vernetzten Denken geht es darum, dass viel mehr mit einem Thema zusammenhängt und die Dinge nicht einfach stumpf auswendig gelernt werden und danach wieder vergessen. Das Lernen soll erleichtert werden und der Fokus liegt auf dem grundsätzlichen Thema. Da das Gehirn auf unterschiedlichste Weise mit dem Thema konfrontiert wird, entsteht ein Merkeffekt, da sich herauskristallisiert, dass etwas von Bedeutung im Gedankengang passiert. Dadurch entsteht eine Verbesserung der Merkfähigkeit. Das gilt auch für das Anwenden der Methoden des HLT. Je öfter man HLT anwendet, desto eher wird das Gehirn dann auf bedeutsame Dinge trainiert, die es schnellstmöglich abspeichern soll.

Kopf, Herz und Hand

Ganzheitliches Lernen ist auf den Pädagogen Pestalozzi zurückzuführen. Die Kinder erleben dabei Lernprozesse, in denen alle Sinne genutzt werden. Der Kopf stellt dabei die Kognition und das Denken dar, das Herz die Emotion und Leidenschaft und die Hand das taktile Erleben oder das Erschaffen von Dingen. Kopf- und Handarbeit sollen dabei zusammenwirken und die Sinne sowie Emotionen eingeschlossen werden. Dabei soll der Lernvorgang mit möglichst vielen Reizen und auf unterschiedliche Weise ausgeübt werden. Diese Methode haben wir bereits im Ansatz kennengelernt bei den unterschiedlichen Lerntypen unter dem Kapitelpunkt 2.1. Bei der ganzheitlichen Lernmethode geht es darum, über diesen Aspekt noch hinauszugehen.

Für eine ganzheitliche Bildung ist es wichtig, dass die verschiedenen Bereiche in einem ausgewogenen Verhältnis stehen und so gut wie möglich miteinander verknüpft werden.

Jedes Kind ist anders und profitiert von der ganzheitlichen Bildung insbesondere dann, wenn es vielfältige Lösungswege erhält und auch selbst entwerfen kann.

Anwendung

Das ganzheitliche Verstehen kann insbesondere durch das Spielen eines Instruments gefördert werden. Wenn das Kind lernt eigene Musik zu spielen und sich daran erfreut, ist die Ganzheitlichkeit gegeben. Nicht in jedem Bereich ist das ganzheitliche Lernen gleichermaßen anzubieten, jedoch findet ein Kind, das diese Lernmöglichkeit oft nutzt und angeboten bekommt, oftmals selbst neue Wege sich etwas zu erschließen. Die Kinder werden allein durch die Anwendung zunehmend kreativ und geradezu erfinderisch. Du kannst deinem Kind den Raum geben, sich während des Lernens zu bewegen und zu sprechen. Viele Kinder benötigen die gesprochene Sprache beim Lernen. Darüber hinaus lassen sich viele Themen visualisieren oder in der Vorstellung erweitern. Durch die Fantasie werden neue Verknüpfungen geschaffen, Dinge im Kopf durchgespielt. Die angewandten Möglichkeiten sollten dein Kind reflektieren und möglichst viele in einem Lernprozess integrieren können und dürfen. Es ist also nicht immer sinnvoll, wenn dein Kind nur still und ruhig bei den Hausaufgaben sitzt. Das interaktive Erarbeiten mit Kopf, Herz und Hand lässt die Inhalte aufleben. Lernmethoden zu den einzelnen Sinnen hast du bereits in Kapitel 2.1 bei den Lerntypen kennengelernt. Durch Kopf, Herz und Hand wird das selbstständige Lernen gefördert, da dein Kind durch verschiedene Wege Ideen etablieren und entwickeln kann.

Graphomotorik und Lernen

Ein wichtiger Punkt beim ganzheitlichen Lernen ist die Motorik und die Bewegung. Dabei ist es nicht immer erforderlich, sich größtmöglich im Raum zu bewegen und seinen Platz zu verlassen. Die Graphomotorik ist der Fachbegriff für das Schreiben beziehungsweise die Handschrift, stellt eine feinmotorische Bewegung dar und zählt zur Handgeschicklichkeit. Graphomotorik ist ein Punkt, um etwas ganzheitlich zu gestalten und den Aspekt der Bewegung einzuschließen. So ungern dein Kind manchmal schreiben mag, ist genau das Schreiben mit einem Stift ein wichtiger Teil des Lernprozesses und sollte immer wieder eingebunden werden. Damit das Schreiben keine große Herausforderung und Mühe darstellt, sollte dein Kind die graphomotorischen Fähigkeiten gut beherrschen. Die Förderung der Graphomotorik geht über das Spielen des Kindes mit Stiften und stiftähnlichen Werkzeugen auf einem Untergrund einher. Auch hier gilt wieder, dass es die Übung ausmacht. Wenn die Technik stimmt, solltest du dein Kind immer wieder motivieren, etwas zu schreiben. Übe die richtige Technik der Stifthaltung, bis diese gut funktioniert. Optimal ist der Dreipunktgriff, bei dem eine korrekte Stifthaltung jedoch auch hier noch von Unterschieden geprägt ist. Die richtige Stifthaltung ist erforderlich, um schreiben zu können. Für die richtige Haltung und Schreibtechnik gibt es eine einfache Aufgabe, die du mit deinem Kind üben kannst. Sie nennt sich „Das fröhliche Handgelenk" und funktioniert wie folgt: Du malst oder dein Kind malt mit einem Stift (hautfreundlich) einen Mund (Strich), Augen und Nase auf das Handgelenk, mit dem es schreibt. Das Gesicht muss auf der Daumenseite aufgemalt werden. Manchmal ist das Handgelenk zu weit nach unten gebeugt, dann sieht es ganz traurig aus. Wenn das Handgelenk nach außen gestreckt wird, wie es für die Schreibtätigkeit sein sollte, sieht das Gesicht fröhlich aus. Dein Kind kann eigenständig kontrollieren und verfolgen, ob es den Stift und die Hand beim Schreiben richtig hält. Ist die Stifthaltung nicht korrekt, wird sie einfach korrigiert, indem man das Handgelenk fröhlich werden lässt.

Ein weiteres Hilfsmittel für die richtige Stifthaltung ist ein weiches Haargummi, es wird um das Handgelenk sowie einmal um den Stift geschlungen. Der Haargummi sorgt dafür, dass der Stift korrekt in der Daumenmulde liegt. Meistens kann dein Kind schon nach ein paar Versuchen ohne das Haargummi schreiben, da es die Technik verstanden hat und darauf achtet.

Für das ganzheitliche Lernen in Verbindung mit der Graphomotorik ist folglich wichtig, dein Kind im Alltag dazu anzuregen, seine Hände und Finger oft zu gebrauchen. Damit dein Kind seine Hände möglichst frei bewegen kann, ist es optimal, wenn dein Kind eine aufrechte Haltung einnimmt. Der Stand oder das aufrechte Sitzen sind daher gute Haltungspositionen. Lass dein Kind möglichst viele Tätigkeiten im Stehen durchführen. Die Übung geht über die reine Schreibfähigkeit hinaus und erstreckt sich auf das Spiel mit Bausteinen, Figuren, Puzzles und vielen mehr. Auch in der Küche kann dein Kind helfen, zum Beispiel beim Schneiden, Ausrollen, Rühren, Kneten etc. Dein Kind sollte im Spielbereich einen Tisch haben, an dem es gut stehen kann, das heißt die Tischkante sollte ungefähr auf Bauchnabelhöhe sein.

3.2 Lernspiele

In diesem Abschnitt geht es um die spielerische Förderung der Konzentration und des Gedächtnisses. Außerdem sollen dir neben den dazu zählenden Fakten einige Spiele exemplarisch vorgestellt werden, die du mit deinem Kind spielen kannst.

Wie helfen Spiele der Konzentration?

Spiele helfen uns, ohne Zwang etwas kennenzulernen und in einem lockeren Kontext zu betrachten. Ein Spiel bedeutet eine angenehme und kurzweilige Beschäftigung, oftmals sogar im

Kontext mit anderen Mitspielern. Lernspiele zielen dabei weniger auf einen Konkurrenzkampf ab, bei dem es zwingend einen Gewinner geben muss. Vorrangig bei Lernspielen ist der Prozess des Spiels selbst, nicht unbedingt der Gewinn. Wenn es jedoch um Spiele geht, bei denen man gewinnen kann, solltest du deinem Kind ab und zu einen Vorsprung geben, wenn du mit ihm spielst, um seine Spielbereitschaft zu fördern und das Interesse am Spiel beizubehalten. Da niemand gern dauernd verliert und das auf Dauer eher demotiviert, sollte das Verhältnis ausgewogen sein.

Effektivität von spielerischem Lernen

Schon in der frühkindlichen Entwicklung lernen wir unsere Umwelt durch Spiel kennen. Wir erkunden Dinge und erschließen uns so unsere Umgebung sowie die Welt um uns herum. Beim Spiel lassen sich Fähigkeiten und Verhaltensweisen erproben, die später gebraucht werden. Wenn Lernen Spaß macht, was ein Spiel tun sollte, fällt es deinem Kind sehr viel leichter, sich auf eine Sache eine Weile zu konzentrieren. Spielen ermöglicht, etwas zu versuchen. Wenn man sich irrt, korrigiert man einfach seine Methode. Dadurch gibt es beim Spiel auch Versuch und Irrtum und ein Fehler ist lediglich ein Raum, der zu füllen oder umzuändern ist. Spielerisches Lernen fördert grundsätzlich mehrere Entwicklungsprozesse und Fähigkeiten deines Kindes zugleich. Darüber hinaus übt es ganz nebenbei die Frustrationstoleranz zu erhöhen. Spiele werden durch sämtliche Medien angeboten und sollten einen Bezug von Theorie und Praxis haben. Das heißt, die Theorie sollte durch das Spiel einfach in die Praxis übertragbar sein.

Das spielerische Erleben prägt das Wesen und die Persönlichkeit deines Kindes. Soziale Vorgänge werden dadurch erprobt und eingeübt. Genauso lassen sich kognitive Abläufe wie in diesem Fall die Konzentration spielerisch einüben und etablieren. Das Gehirn ist auf positive Reize ausgelegt, welche insbesondere beim Spiel ausgelöst werden, da es Freude bereitet. Durch das Lernen durch Spiel kann dein Kind die Vorgänge schneller und leichter verinnerlichen. Auch beachtet das Gehirn diese Vorgänge als vorrangig, da sie zum einen sich wiederholende Prozesse ansprechen und andererseits die Freude und in einigen Fällen auch das Belohnungszentrum aktivieren.

Spielerisch lernen zielt darauf ab, sowohl kognitive (siehe weiter unten im nächsten Abschnitt „Spiele in der Praxis") als auch die sozial-emotionale und motorische Entwicklung (diese sind im Abschnitt 3.4 unter Kinesiologie nachzulesen) des Kindes zu fördern. Spielen wirkt einerseits fördernd und aktivierend, es kann aber andererseits auch einen entspannten Effekt haben.

Spielerisches Lernen verwendet Methoden sowie auch Medien, die das Lernen unter Berücksichtigung der kognitiven, motorischen und emotionalen Bedürfnisse sowie Fähigkeiten in einem ungezwungenen und wiederholbaren Rahmen ermöglichen. Durch die Erkenntnisse im Spiel sammelt dein Kind neue Erfahrungen. Die Fähigkeit zum Lernen wird nebenbei gefördert und es ergibt sich daraus eine höhere Lernkompetenz. Das Lernen macht deinem Kind Spaß, was in der Folge dazu führt, dass die Methoden sehr effektiv sind und gern immer wieder erprobt und wiederholt werden.

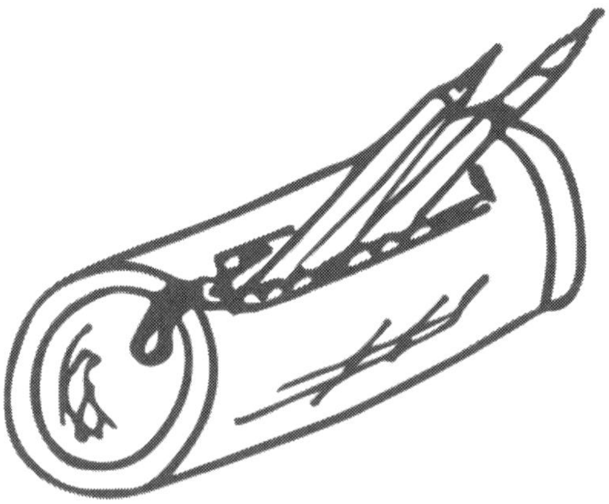

Spiele in der Praxis

Hier werden dir nun einige Spiele vorgestellt, dies ist jedoch keinesfalls eine abschließende Auswahl, sondern stellt lediglich eine Anregung für dich dar. Viele der Spiele lassen sich individuell anpassen und im Spielverlauf abwandeln. Diese Spiele sind kaum vorgefertigte Brettspiele, sondern vielmehr Ideen, wie sich das Lernen in ein Spiel integrieren lässt. Wenn dein Kind besonderen Spaß an einem Spiel zeigt, kannst du das Grundprinzip abwandeln und dir weitere Varianten oder Schwierigkeitsstufen ausdenken.

- *Memory:* Da es sich um einen Klassiker handelt, sind dir die Spielregeln sicher bekannt. Memorykarten müssen nicht unbedingt gekauft werden, sondern können auch ganz leicht aus Bildern oder Cliparts selbst gebastelt werden. Die Karten brauchen auch nicht immer quadratisch sein, viele Kinder haben großen Spaß an einer Variation, sodass auch runde oder dreieckige Karten sehr interessant sein können (ein Satz, eine Farbe und Größe) und damit die Aufmerksamkeit erhöhen (siehe Aufmerksamkeitstraining). Das Memoryspiel lässt sich von Bildern auf Lernbereiche erweitern. So können beispielsweise Vokabeln mit Memory vertieft werden. Ein Kärtchen zeigt das Bild oder das deutsche Wort, das andere Kärtchen ist das dazu passende Wort in der Fremdsprache. So lässt sich nicht nur die Konzentration und Merkfähigkeit fördern, sondern gleichermaßen die Lerninhalte näherbringen.

  Das Spiel fördert die Konzentration kontinuierlich, da man auch auf die Spielzüge der anderen Mitspieler achten muss und sich diese einprägen, sodass eine große

Aufmerksamkeit für einen Spielerfolg als unerlässlich angesehen werden kann.

- *Geschichtenerzähler oder ABC-Geschichte:* Beim Geschichtenerzähler geht es darum, mit einer Vorgabe eine Geschichte zu erfinden. Dazu gibst du deinem Kind einige Wörter vor, aus denen es in einem vorgegebenen Zeitrahmen eine Geschichte erdenkt. Diese Wörter können alles Mögliche beinhalten und sich auf aktuelle Themen und Lerninhalte beziehen, aber auch völlig frei erfunden sein. Dein Kind lernt dadurch, den Fokus auf bestimmte Dinge zu legen und sich auf die Fortführung der Geschichte zu konzentrieren. Dabei lernt es auch, Dinge zu visualisieren. Die Geschichte kann frei erzählt oder auch aufgeschrieben werden. Bei der ABC-Geschichte geht es darum, dass jeder Satzanfang einen Buchstaben im Alphabet weitergeht. Das kann man eigenständig machen oder in der Kombination mit den vorgegebenen Wörtern. Soll die Geschichte nicht so lang sein, muss sie nicht durch das komplette Alphabet gehen. Auch kann man den Anfang variieren und das Alphabet rückwärts verwenden, bzw. an einer Stelle einfach beginnen und die Reihe dann fortführen. Die schwierigen Buchstaben, wie x, y und q können bei dieser Methode ausgelassen werden. Hier stärkst du dein Kind in vielen Bereichen. Dein Kind ist fokussiert, lernt aber auch fantasievolles Erschaffen sowie den Umgang mit Buchstaben und Buchstabenfolgen kennen. Verwendest du Wortvorgaben aus Lerninhalten, die darin wiederzufinden sein sollen, förderst du nebenbei wieder die Vertiefung der jeweiligen Themen und das Wissen darüber.

- *Wörter finden:* Bei diesem Lernspiel handelt es sich vor allem um eine Konzentrationsaufgabe in Verbindung mit dem Wortschatz und dem Wortfindungsvermögen. Dein Kind soll sich beispielsweise in einem bestimmten Zeitrahmen so viele Wörter wie möglich mit drei Buchstaben, mit vier Buchstaben (hier kann man den Schwierigkeitsgrad erhöhen, indem man eine bestimmte Wortgruppe – wie Nomen, Verben oder Adjektive – hinzufügt) ausdenken, beziehungsweise in seinem Wortschatz finden und aufschreiben. Weiter bieten sich die Möglichkeiten von Wortketten, die durch das Alphabet gehen oder wo das nächste Wort mit dem letzten Buchstaben des vorigen Wortes beginnen soll etc. Dabei kann man die zu findenden Wörter durch Kategorievorgaben wie Tiere oder Pflanzen und ähnliches einschränken und so die Konzentration auf einen Punkt lenken, sodass diese Fähigkeit trainiert wird.
- *Wer erreicht die 1.000?* Dieses Spiel trainiert die rechnerischen Fähigkeiten und das vorausschauende Denken und Kalkulieren. Gebraucht wird ein Würfel und ein Blatt Papier mit Stift. Auf das Blatt wird eine Tabelle mit drei Spalten und vier Zeilen gezeichnet. In die Spalten kommen die Kürzel für Hunderter (H), Zehner (Z) und Einer (E). Die letzte Zeile wird nicht benutzt, sie dient als Rechenlinie, sodass die dritte Zeile eine Doppelunterstrichlinie haben sollte, damit die vierte optisch separiert ist und nicht aus Versehen mit ausgefüllt wird. Das Spiel kann ab zwei Spielern aufwärts gespielt werden. Die Spieler würfeln nach der Spielvorbereitung nun reihum. Die gewürfelte Zahl wird in den ersten drei Zeilen an einer

Stelle notiert. Die Wahl der Stelle soll sich daran orientieren, dass man beim Errechnen am Ende sehr nah an die 1.000 kommt. Sind alle neun Felder gefüllt, werden die Zahlen zusammengerechnet und verglichen. Wer am nächsten an der 1.000 ist – dabei ist es egal, ob darüber oder darunter – gewinnt die Runde.

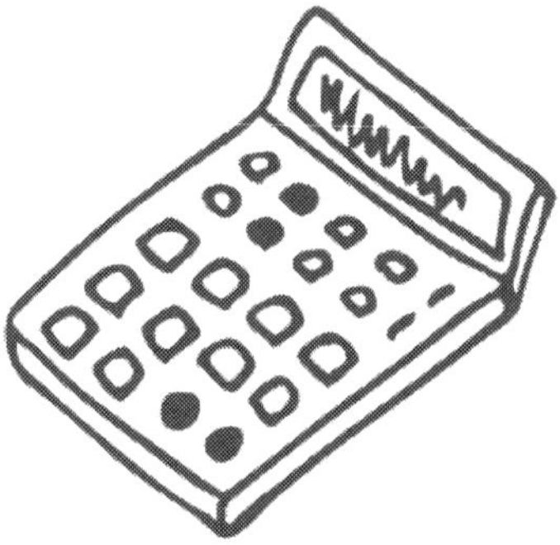

Das Spiel lässt sich nach Alter und Rechenverständnis erweitern, indem man nicht bis 1.000, sondern 10.000 oder 100.000 beziehungsweise eine Million geht, die es möglichst nah zu erreichen gilt. Dazu werden einfach vorne in der Tabelle weitere spalten hinzugefügt mit Tausendern (T), Zehntausendern (ZT) beziehungsweise Hunderttausendern (HT) erweitert. Die Zeilenanzahl bleibt dabei zunächst gleich, da bei schlechtem Würfelglück die Variationen zu deutlich wären.

- *Teilbar?* Bei diesem Spiel geht es um mathematische Fähigkeiten, insbesondere das Multiplizieren und Dividieren. Man benötigt für das Spiel zwei Würfel, gespielt werden kann mit zwei oder mehr Kindern beziehungsweise Personen. Der erste Spieler würfelt mit den zwei Würfeln. Die beiden gewürfelten Zahlen werden addiert. Jetzt würfelt der Spieler erneut, aber diesmal mit nur einem Würfel. Jetzt soll der Spieler feststellen, ob die gewürfelte Zahl durch die erste Zahl teilbar ist. Ist das der Fall, erhält der Spieler einen Punkt, dann ist der nächste Spieler an der Reihe. Wer zuerst zehn Punkte erzielt hat, gewinnt die Runde. Es können mehrere Runden gespielt werden und die Anzahl der Würfel kann entsprechend nach Schwierigkeitsgrad erhöht werden.

- *Wie komme ich zum Ziel?* Bei diesem Spiel sind die emotionale Ebene und das soziale Denken deines Kindes gefragt. Für das Spiel stellt man eine These oder eine bestimmte Situation vor, die das Kind entsprechend zu lösen versucht. Ein Beispiel: Dein Kind beteiligt sich in der Pause auf dem Schulhof am Ballspiel mit anderen Kindern. Der Ball fliegt plötzlich über den hohen Zaun auf das benachbarte Grundstück. Alle Kinder stehen traurig und ratlos da. Dein Kind braucht eine Idee, um die Situation zufriedenstellend zu lösen. Was könnte man tun? Es ist natürlich auch möglich, hier mehrere Ideen zu einer Lösung vorzubringen.
- *Mini-LÜK und LÜK-Kasten:* LÜK steht als Abkürzung für „Lerne, übe, kontrolliere" und hat sich über die Jahre als gängiger Ausdruck für das Lernspielsystem etabliert. Es handelt sich dabei um spielerisch gestaltetes Lernmaterial, das von deinem Kind selbst kontrolliert und nachvollzogen werden kann. Wenn die Aufgabe komplett gelöst wurde und alle Plättchen den Lösungsfeldern zugeordnet sind, kann man den LÜK- Kasten schließen, umdrehen und erhält ein dreifarbiges Muster, das aus den gelegten Plättchen entstanden ist. Der LÜK- und Mini-LÜK-Kasten stellen eine tolle Möglichkeit dar, um deinem Kind eine selbstständige Lern- und Übungsmethode zur Verfügung

zu stellen. Der Lernspaß steht bei den Aufgaben im Vordergrund. Der Mini-LÜK-Kasten steht bereits für Kinder ab etwa 4 Jahren bis in die ersten Schuljahre beziehungsweise die Grundschuljahre zur Verfügung. Er verfügt über zwölf Lösungsplättchen und ist daher für jüngere Kinder geeignet, die bis zwölf zählen und die Zahlen sicher erkennen können. Die dazugehörigen Aufgabenhefte sind häufig themenbezogen und stehen auch bei ersten Rechen- und Buchstabenaufgaben grundsätzlich unter einem gewissen Motto. Damit wird dein Kind motiviert, sich mit verschiedenen Situationen und Umständen auseinanderzusetzen. Der LÜK-Kasten funktioniert nach dem gleichen Prinzip wie der Mini-LÜK-Kasten, nur enthält er 24 Plättchen anstatt der zwölf. Dies ermöglicht die Bewältigung komplexerer Aufgabensysteme und Aufgabenstellungen. Hefte stehen für Kinder ab dem ersten Schuljahr zur Verfügung. Sobald die Kinder lesen können, ist es möglich, dass sie die Aufgaben komplett selbstständig lösen und dann nach dem bereits bei Mini-LÜK vorgestellten Prinzip ihre Lösungen kontrollieren.

3.3 Konzentration und Merkfähigkeit in gegenseitiger Abhängigkeit

Erklärung des Zusammenhangs

Die Merkfähigkeit steht im Zusammenhang mit der Konzentration. Beides ist aufeinander angewiesen, um einen ungehinderten Lernprozess zu ermöglichen. Dabei ist es für die Merkfähigkeit erforderlich, Konzentration aufbauen zu können. Wenn dein Kind sich nicht auf eine Sache konzentrieren kann, ist es gleichzeitig unaufmerksam, das Gehirn nicht darauf ausgerichtet, Sachen zu behalten. Die Folge daraus ist, dass neben einem Konzentrationsproblem in der Folge auch ein Gedächtnisproblem durch eine gestörte Merkfähigkeit vorliegt. Wenn also die Konzentration gefördert wird, steht sie im Kontext mit der Merkfähigkeit und kann auf beiden Ebenen gefördert werden. Genauso wie Lernspiele lassen sich bestimmte Lernmethoden nutzen, um diese Fähigkeiten zu fördern und miteinander zu kombinieren.

Pfadlernen

Hier wird dir eine Lernmethode vorgestellt, mit der sich die unterschiedlichsten Sachen merken lassen. Abfolgen und Zusammenhänge lassen sich speichern und schnell langfristig wieder abrufen. Dabei geht es darum, Informationen auf einen bestimmten Pfad zu legen und diesen dann entlangzugehen. Dieser Pfad kann durch ein Zimmer, durch die ganze Wohnung oder über den Körper verlaufen, das ist nicht erheblich. Wichtig ist nur, dass der Pfad jederzeit in Gedanken abrufbar ist, das heißt, dass es sich um eine Pfadroute handeln muss, die man sehr gut kennt.

Funktionsweise der Pfadroute

Die Route sollte einfach zu merken sein. Zunächst solltest du wissen, wie viele Punkte auf der Route gebraucht werden. Es müssen also genug Zwischenstationen markiert werden, die leicht merkbar sind. Zuerst müssen die Routenpunkte mit einer Zahl markiert werden und sich so verbunden gemerkt werden. Dabei kann man sich bildhafte Zusammenhänge bauen, damit das Merken des Zusammenhangs einfacher funktioniert. Sind die Routenpunkte mit Zahlen belegt und man möchte sich eine Abfolge von Dingen merken oder eine Aufzählung von Sachen, geht man die Route entlang und belegt nacheinander die Routenpunkte. Auch dabei ist es wichtig, zu dem Routenpunkt einen Zusammenhang zu erschaffen, diesen also bildhaft in Verbindung zu bringen. Manche Empfehlungen sehen vor, eine Route nicht mehrfach mit anderen Lerndingen zu belegen, jedoch sind geübte Routenläufer durchaus in der Lage, die Routen zu unterscheiden, je nach Thema und Lerninhalt. Es sollte hier aber keinesfalls ein ähnliches Thema auf der Route sein, da es sonst zu Vermischungen und damit Fehlkombinationen kommen kann. Beginnt man mit dieser Lernmethode, sollte man natürlich unterschiedliche Routen für jeweils ein Lernthema verwenden, wie zumeist empfohlen. Auch ist die Länge der Route entscheidend und die Möglichkeit Routenpunkte zu setzen. Während auf einer Wohnungsroute sehr viele Routenpunkte zur Verfügung stehen können, sind sie auf der Körperroute nach einer bestimmten Anzahl erschöpft. Die Routenpunkte werden dann mit Zahlen belegt und eine Verknüpfung zum Punkt geschaffen. Dabei kann man sich bildlich die Zahl an der Position vorstellen oder eine bestimmte Anzahl von Dingen. Diese Zusammenhänge müssen fest bekannt sein und fehlerfrei verankert sein. Jetzt kann man beginnen auf die Route die eigentlichen Informationen zu legen. Auch da wird wieder mit einer bildhaften Verbindung am Routenpunkt gearbeitet, um die Information zu speichern.

Anwendungsbeispiel

Dein Kind soll die Position eines Buchstabens im Alphabet lernen, es soll also sagen können, dass das A auf der 1 liegt und das C auf der 3. Aber wo liegt dann das K? Hier ist nun eine Route oder ein Pfad hilfreich. Da die Route mit Zahlen der Stellen belegt wird, kann eine ganz einfache Schlussfolgerung auf die Position des Buchstabens erfolgen. Nun stellt man sich aber nicht ein einfaches A auf dem ersten Routenpunkt vor, sondern gibt dem Gehirn etwas mehr realen Speicherspielraum. Ein einfaches A an die erste Position zu stellen, ist für das Gehirn sehr abstrakt und damit keine große Erleichterung. Also denkt man sich ein Tier mit dem Anfangsbuchstaben A. Dieses Tier muss natürlich für dein Kind ein optisch bekanntes sein. Daher sollten seltene, exotische Arten, die dein Kind kaum kennt, nicht zum Einsatz kommen, sondern zum Beispiel für das A ein Affe, das B ein Bär, das C ein Chamäleon (das die Farbe wechselt, denn bei C sind wir eingeschränkt mit der Auswahl und geben so Anreiz, sich das leichter zu merken, wie das Tier dort sitzt und die Farbe wechselt) und so weiter, bis Z. Diese Tiere setzt man an die jeweilige Position der Route im Gedankenbild. Am einfachsten ist es, wenn die Tiere noch komische Dinge machen. Wenn der Affe also auf einer Körperroute wäre und die beginnt mit der Schädeldecke, dann müsste der Affe bei dem Kind auf dem Kopf sitzen. Wenn er dort an den Haaren zupft, kann dieser Zusammenhang leichter gemerkt werden. Und so fährt man fort, bis die Punkte 1 bis 26 belegt wurden. Die Route wird so lange wieder abgegangen, bis sie gut im Gehirn abgespeichert ist. Jetzt kann das Kind nicht nur die Position des Buchstaben K sofort nennen, ohne nachzuzählen, sondern bei Bedarf auch die Route rückwärts abgehen und so das Alphabet von hinten durchlaufen.

Diese Methode erfordert bei der Routenplanung ein wenig Aufwand, wenn man dies jedoch gewissenhaft erlernt und anlegt, ist es eine zuverlässige Form, sich Dinge nahezu dauerhaft (wenn sie in regelmäßigen Abständen wieder abgerufen werden) auf einfachere Weise zu merken. Es ist immer anwendbar bei Abfolgen und sonstigen sich aufeinander ergänzenden Dingen. Diese Methode dient dem gehirngerechten Lernen und besonders visuelle Lerntypen mit einer gewissen Fantasie können diese Methode schnell und effektiv einsetzen. Einmal intensiv gelernt und abgespeichert sind die Bilder langfristig im Gedächtnis verankert.

3.4 Kinesiologie

Motorik und Lernen

Die motorische Entwicklung ist die Grundlage für viele höhere menschliche Leistungen und Fähigkeiten. Sie ist mit der Entwicklung der kognitiven Fähigkeiten verknüpft oder geht dieser voraus. Darunter fällt natürlich auch die Konzentration. Diese Verknüpfung existiert sogar vielmehr, als gemeinhin vermutet. Für die motorische Entwicklung benutzen wir viele unserer Sinneseindrücke. Insbesondere der Tastsinn, die taktile Wahrnehmung und der Gleichgewichtssinn sind dabei wichtig. Diese Reize werden an das Gehirn weitergeben, welches diese verarbeitet und in Bewegungen umsetzt. Damit diese Abläufe gut funktionieren, müssen sie zunächst erlernt werden, laufen später aber überwiegend unbewusst ab. Wichtig für das Lernen ist aber vor allem auch die Auge-Hand-Koordination, da sie in der Graphomotorik vorrangig gebraucht wird. Bei anderen Dingen spielen die bei der motorischen Entwicklung verbundenen Verknüpfungen eine große Rolle. Die Gehirnhälften werden durch spezielle motorische Bewegungen miteinander kombiniert (siehe weiter hinten im Abschnitt *Ergotherapie*). Wenn in der motorischen Entwicklung Schwierigkeiten auftreten, können diese das gesamte weitere Lernen beeinflussen. Manche Vorgänge wurden auch einfach in den Entwicklungsschritten übersprungen, sie lassen sich jedoch auch bis in das Erwachsenenalter hinein nachträglich erlernen. Das ist dann zwar etwas schwieriger, jedoch nicht unmöglich.

Schon einfache motorische Bewegungen erfordern viele neuronale Verbindungen und werden durch komplexe Prozesse im Gehirn gesteuert. Das Zentrum der Motorik, das für die Durchführung und die Kontrolle der eigenen Haltung und Bewegung erforderlich ist, erstreckt sich über verschiedene Abschnitte des Zentralnervensystems – beginnend bei der Hirnrinde bis hin zum Rückenmark und umfasst das Großhirn, Kleinhirn und ebenso das limbische System.

Das Sprechen wird häufig nicht gleich unter feinmotorische Fähigkeiten eingeordnet, stellt aber einen sehr komplexen Prozess in diesem Bereich dar. Beim Sprechen müssen mehrere Organe bewegt und diese Bewegung miteinander genau abgestimmt werden. Ist eine Bewegung ungenau, entstehen Fehler in der Sprache. Die Sprache ist somit nicht als eigenständiger Prozess anzusehen, sondern fällt tatsächlich in die Feinmotorik.

Sensomotorik

Unter Sensomotorik versteht man das Zusammenspiel zwischen den Reizen der Sinneswahrnehmung und der Umsetzung in eine Bewegung. Durch die Reizaufnahme über Rezeptoren, wie etwa Druck, Temperatur, Berührung und Schmerz. Durch ein sensomotorisches Training können die motorischen Abläufe und die Verbindungen im Gehirn, sowie die gezielte Reizverarbeitung in Form von Koordination trainiert und verbessert werden. Koordination versteht man dabei als die Fähigkeit, vorhersehbare, aber auch unvorhersehbare Situationen motorisch sicher zu bewältigen. Die Koordination bildet die Grundlage aller Leistungen des sensomotorischen Systems. Jede Bewegung ist zunächst einmal eine sensomotorische Leistung. Dabei werden unterschiedliche

Reizquellen einbezogen. Diese können visuell über die Augen sein, wie beispielsweise beim Balancieren oder dem Erkennen von Hindernissen, aber auch wie wir schon gehört haben beim Schreiben, also der Graphomotorik. Eine weitere Rolle spielen die auditiven Reize über die Geräuschwahrnehmung, um bestimmte Geräusche wie beispielsweise herannahende Autos, zu lokalisieren und eine dazu entsprechende Bewegung einzuleiten. Weiter gibt es noch das vestibuläre System im Innenohr, welches für das Gleichgewicht unentbehrlich ist. Dazu kommen weitere somatosensorische Rezeptoren, so zum Beispiel mit einer großen Relevanz an den Füßen, welche für das Gehen eine Rolle spielen.

Ergotherapie und ergotherapeutische Ansätze

Ergotherapie oder ergotherapeutische Maßnahmen dienen dazu, bei Personen und vor allem Kindern motorisch-funktionelle, sensomotorische, neuropsychologische sowie neurophysiologische und auch psychosozialen Aspekte und Zusammenhänge zu verbessern. Drunter fallen folglich alle Abläufe, die mit körperlichen Funktionen und Gehirn bzw. Kognition im Zusammenhang stehen oder rein kognitive Prozesse beinhalten, wie auch die Konzentration und Gedächtnisleistung. Im Vordergrund stehen immer die Alltagsbewältigung und die Verbesserung der alltagserforderlichen Kompetenzen. Die Ergotherapie soll Menschen und Kindern helfen, sich in ihrer Handlungsfähigkeit zu erweitern oder bei der Erfüllung von bedeutenden Aufgaben des Alltags unterstützend eingesetzt werden, um die Lebensqualität und Lernkompetenz zu verbessern. Ergotherapeutische Ansätze lassen sich daher hervorragend einbeziehen, um langfristig eine Steigerung der Konzentration und Gedächtnisleistung zu ermöglichen. Gerade bei ausgeprägten Aufmerksamkeits- und Konzentrationsstörungen wird die Ergotherapie für Kinder anerkannt und regelmäßig eingesetzt und dementsprechend auch ärztlich verordnet.

Wie in dem Abschnitt über die graphomotorische Entwicklung und Förderungsmöglichkeit, gehören die sensomotorischen und kognitiven Förderungen in den Bereich der ergotherapeutischen Anwendungen. Die Methoden dienen der Verbesserung der Kombination zwischen Motorik und Gehirn. Die Funktion und das Zusammenwirken von beiden Gehirnhälften werden trainiert, insbesondere auch, wenn bei einem Kind noch nicht klar ist, ob sie Links- oder Rechtshänder sind. Diese Entwicklung kann bis in das achte oder neunte Lebensjahr andauern.

Ist die Konzentration bei einem Kind gestört, greift die Ergotherapie mit verschiedenen Maßnahmen. Kinder mit einer Konzentrationsstörung sind kurzfristiger beeinträchtigt, dauert es jedoch länger an, dass dein Kind sich nicht konzentrieren kann, spricht man von einer Konzentrationsschwäche.

Rechts-/ Linkshänder und Händigkeitstraining

Wie zuvor erwähnt, kann es durchaus der Fall sein, dass sich die Entwicklung der Rechts- oder Linkshändigkeit bis in das achte oder neunte Lebensjahr hinausziehen kann und erst dann eine Hand zuverlässig als die dominante Hand genutzt wird. Die Kinder haben zuvor eine Beidhändigkeit oder wechseln zwischen den Händen ab. Ist diese Beidhändigkeit über das achte Lebensjahr hinaus vorhanden, solltest du dein Kind jedoch bereits gezielt fördern. Kinder, die diese Beidhändigkeit aufzeigen, können ohne Förderung Defizite in der Grob- und Feinmotorik entwickeln und deshalb frühzeitig gefördert werden. Nicht selten kommt es zu Folgeerscheinungen in der kognitiven und feinmotorischen Leistung. Natürlich ist bei der Förderung keine Umerziehung zu einer bestimmten Händigkeit angezeigt. Die Neigung zu einer Händigkeit sollte festgestellt werden und mit dem Kind diese Händigkeit dann geübt werden. Das heißt ein Linkshänder, der aber noch sehr beidhändig arbeitet, soll das Training so bekommen, dass die Zusammenarbeit der Gehirnhälften gestärkt wird und die Linkshändigkeit ausgeprägt werden kann. Das gleiche gilt für einen potenziellen Rechtshänder genauso nur eben, dass die Fähigkeit als Rechtshänder ausgeprägt wird. Das Training erleichtert dem Kind die Separation und die Arbeit der jeweiligen Gehirnhälften. Die schwächere Gehirnhälfte wird so für ihren Aufgabenbereich gestärkt.

Ein Training der Händigkeit kannst du selbst unterstützen oder sogar komplett umsetzen. Insbesondere, wenn sich bereits herauskristallisiert, welche Hand von deinem Kind favorisiert wird, helfen ihm konkrete Übungen der Festigung einer Händigkeit, um die Gehirnhälften in ihrer Funktion und deren Zusammenarbeit zu optimieren. Auf keinen Fall sollte es zu einer Umerziehung der Händigkeit kommen, da sich daraus erst weitere kognitive Schwierigkeiten ergeben. Es ist somit von Wichtigkeit, dass die Händigkeit klar erkennbar ist oder von einem Ergotherapeuten durch ein bestimmtes Verfahren festgestellt wird und du anschließend mit einem eigenen Training der dominanten Hand beginnst.

Die Händigkeit kannst du mit speziellen feinmotorischen Übungen fördern. Diese können Bastel- und Werkarbeiten sowie gestalterisch wirkende Methoden, zum Beispiel das Auffädeln von Perlen auf ein Band, sein. Dabei sollte sich das ausschließliche Einsetzen der dominanten Hand auf Malen, Schneiden und Schreiben beschränken, da die Gehirnfunktionen der assistierenden Hand ebenso trainiert werden sollen. Jedoch weist du dein Kind in den entsprechenden Situationen auf den Gebrauch der dominanten

Hand explizit hin, wenn es die assistierende Hand stattdessen verwenden sollte. Du beobachtest also das Geschehen und die Arbeit deines Kindes an einem Werkstück oder einer Zeichnung und weist es auf die Handlungen der dominanten Hand hin, wenn diese mit der assistierenden Hand erfolgen. In dem Fall soll das Kind die Hand wechseln. So trainierst du beide Gehirnhälften, jedoch wird die Funktion, die jeder Hälfte zugeordnet ist, in seiner eigentlichen Form bestärkt und das zusammenführende Arbeiten gefördert.

Ergotherapeutische Felder und Übungen zur Förderung der Kognition

- *Sensorische Integration:* In der Ergotherapie gehört die Sensorische Integration zu den Ansätzen, die vor allem Kinder erhalten. Dabei geht es um die zielgerichtete Verarbeitung von Sinnesreizen im Gehirn und die Weiterleitung an die entsprechenden Organe. Zu den am häufigsten zu verarbeitenden Reizen zählen neben dem Sehen, Riechen, Schmecken, Hören und Fühlen auch die Bewegung, das Gleichgewicht und die Körperhaltung. Es ist wichtig, dass das Zusammenspiel dieser Sinnesverarbeitungen funktioniert. Gibt es hier Defizite ist die kognitive Leistung beeinträchtigt, was zu Lernstörungen (Konzentrations- und Gedächtnisprobleme) führen kann und die Kinder zeigen häufig auch andere Auffälligkeiten wie Unruhe und sprachlichen Probleme. Bei der sensorischen Integration erhalten die Kinder unterschiedliche Sinnesreize und sollen diese entsprechend zuordnen und verarbeiten.

  Spielerische Angebote sind für die Kinder von besonderem Interesse. So kann es mit verbundenen Augen Gegenstände unterschiedlicher Form und Oberflächen ertasten, Laufpfade mit verschiedenen Untergründen und Ebenen entlang laufen – bei Übung dieses sogar auch geführt mit verbundenen Augen und die verschiedenen Gegenstände und Untergründe kennenlernen. Weitere Möglichkeiten, um vor allem den Gleichgewichtssinn und das Zusammenspiel anderer Interaktionen im Gehirn zu fördern ist, auf einer Schaukel schaukelnd oder auf einem Trampolin springend kleine Rechenaufgaben zu lösen oder ähnliche Dinge wie Fragen zu beantworten (zum Beispiel welche Farbe hat ein Grashalm etc.). Diese Übungen kannst du mit deinem Kind gezielt selbst ausprobieren.

- *Lernförderung:* Vielen Kindern helfen trotz aller Bemühungen kein ständiges Üben und Wiederholen des Lernstoffes. Auch Nachhilfe in schwierigen Fächern bringt für die Kinder keinen Erfolg, sodass die ergotherapeutische Lernförderung ein guter Ansatz ist. Die Lernförderung greift dabei auch bei Lernstörungen die Probleme auf. Sie wird individuell gestaltet und ist immer auf die Bedürfnisse und aktuellen Fähigkeiten des Kindes ausgelegt. Die Lernförderung dient vor allem dem Erlangen von methodischen Kompetenzen, das heißt wie kann man schnell und effektiv das Lernziel erreichen. Dabei werden wieder alle Sinne in das „Lernen lernen" eingeschlossen und bestmöglich aufgenommen. Daher ist die Lernförderung nicht als unbedingt einzelner Punkt anzusehen, sondern greift in die methodischen Ansätze der anderen Bereiche über. Die vorrangigen Methoden der Lernförderung wurden bereits in Kapitel 2 bei den Lerntypen angesprochen und werden daher hier nicht im Einzelnen genannt. Bei der Lernförderung wird anhand der festgestellten Lerntypen (visuell, auditiv etc.) eine entsprechende Lernstruktur aufgebaut. Dabei zählt nicht nur eine Komponente, sondern eine abgestimmte Verbesserung der Lernweise und der Lernumgebung. In der Schule ist es oft schwierig, eine entsprechende Umgebung zu schaffen, gegen Störungen helfen oftmals lediglich Kopfhörer. Deshalb ist es um so wichtiger, dass du dein Kind zu Hause entsprechend mit einem geeigneten Lernumfeld unterstützt und die Lernbedingungen durch eine Anpassung (siehe Kapitel 2) verbesserst.

- *Aufmerksamkeitstraining:* Die Aufmerksamkeit ist, wie du bereits weißt, sehr eng mit der Konzentrationsfähigkeit verknüpft. Sie stellt die Grundlage für den Aufbau von Konzentration an sich dar. Daher gibt es in der Ergotherapie auch das Aufmerksamkeitstraining, das einer Verbesserung der Konzentrationsfähigkeit vorausgeht. Dabei geht es für das Kind zunächst darum, ohne Ablenkungen eine Aufgabe bis zum Ende zu erledigen. Dabei werden zunächst kleine Abstände gewählt, die gut eingehalten werden können und nach und nach die Dauer der Aufgaben verlängert. Dies erfolgt immer in kleinen Schritten je nach dem Stand des Kindes. Die Aufmerksamkeit lässt sich generell durch das Interesse fördern. Besteht für dein Kind ein Interesse an etwas, wird es diesem „Etwas" sehr viel Aufmerksamkeit entgegenbringen wollen. Hier kannst du die Aufmerksamkeit mit gezielten Einsätzen von interessanten Themen auf den Lerninhalt oder die Lernabläufe enorm erhöhen und vor allem die Aufmerksamkeitsspanne, die dein Kind einer Sache entgegenbringt, erheblich verlängern. Dabei kann es Hörübungen geben, bei denen dein Kind ganz genau hinhören muss und dann das Gehörte später wiedergeben soll – das kann auch mit einzelnen Wörtern beginnen, die in seinem Interessenbereich liegen. Die Lautstärke des Gehörten sollte variieren, um die Aufmerksamkeit auch über den Aspekt des genauen Hinhörens immer wieder zu erhöhen. Du kannst mit kurzen Übungen einzelner Wörter beginnen und später zu kleinen Geschichten übergehen. Wenn dein Kind etwas geübter ist, eignen sich Hörspiele, die im Interessengebiet deines Kindes liegen. Diese kann dein Kind auch alleine anhören (es empfiehlt sich aber sie vorher einmal selbst zu hören, damit du auch gezielte Fragen stellen kannst, wenn dir wichtige Inhalte fehlen). Natürlich möchtest du nach dem Hören das Geschehene anschließend auch erfahren, sodass dein Kind weiterhin die ganze Zeit über die Aufmerksamkeit auf das Hörspiel lenkt und dir nachfolgend das Geschehene berichtet. Da du das Hörspiel ja nicht gehört hast, brauchst du sehr detaillierte Informationen, die dir dein Kind geben soll. Auch Sehübungen wie Fehler- oder Wimmelbilder kommen für die Förderung der Aufmerksamkeit zum Einsatz und können prima als Grundlage verwendet werden. Förderlich ist auch hier, wenn du Bilder einsetzt, die das Interesse deines Kindes anregen. Diese Bilder möchte dein Kind gerne genauer betrachten und es kann sich an der Arbeit damit erfreuen. Durch die genaue Betrachtung liegt die Aufmerksamkeit ausschließlich auf dem Bild und sobald dein Kind bestimmte Gegenstände oder Fehler findet, hat es ein Erfolgserlebnis, das es motiviert, weiter mit dem Bild beziehungsweise den Bildern zu arbeiten.

Bildbeschreibungen sind ebenso ein Mittel um den Fokus und das genaue Hinschauen ohne Ablenkung zu fördern. Im Aufmerksamkeitstraining kann zudem die Reaktionsfähigkeit geübt und verbessert werden. Schnelle Reaktionsspiele kommen hier zum Einsatz, so auch mit mehreren Kindern die Reise nach Jerusalem oder Halli Galli, welches auch ab zwei Mitspielern aufwärts gespielt werden kann. Dabei zielt Halli Galli nicht nur auf die schnelle Reaktion, sondern auch auf das Zahlenverständnis ab, welches nebenbei mit trainiert wird.

Sensomotorische Übungen

- *Balancetraining:* Das Balancetraining wirkt sich positiv auf den Gleichgewichtssinn aus.
  Ziel ist es, nach einem existierenden Ungleichgewicht den Körper in Balance zu bringen oder zu halten.
  Dein Kind kann für ein solches Training jeweils auf einem Bein stehen und versuchen dabei nicht zu wackeln. Nach einer kurzen Haltephase wird das Bein gewechselt. Um diese Übung zu erschweren, kannst du dein Kind anregen, dabei in verschiedene Richtungen zu schauen oder mit den Augen eine Kreisbewegung zu machen, der Kopf soll zunächst in stabiler Position bleiben. Kann dein Kind diese Übung sicher ausführen, soll der Kopf sich bei einbeinig sicherem Stand in verschiedene Richtungen bewegt werden. Nach oben und unten, sowie nach links und rechts.
  Eine weitere tolle Balanceübung, den Flieger, kannst du mithilfe eines Gymnastikballs mit deinem Kind ausführen. Dabei stellt dein Kind die Zehenspitzen auf die Erde und

legt sich bäuchlings auf den Gymnastikball. Der Rücken wird angespannt, genauso wie die Bauchmuskulatur. Dein Kind soll einen geraden Flugzeugrumpf imitieren, der sich in die Höhe erhebt. Nun werden die Arme wie Flugzeugflügel ausgebreitet, die Schultern kommen dabei mit nach oben. Um diese Übung etwas zu erschweren, kann dein Kind bei sicherer Abflugposition einige Flugbewegungen nach rechts und links machen. Ziel ist es, die Balance auf dem Ball zu halten und ein stabiles Flugzeug zu bleiben.

Eine Variation der Übung lässt sich so gestalten, dass du deinem Kind assistierst. Anstatt seine Füße sicher auf den Boden zu stellen, kannst du diese in die Hände nehmen und auf einer geraden Höhe halten. So lässt sich nicht nur ein startendes Flugzeug imitieren, sondern ein in den Höhen fliegendes, welches nicht abstürzen soll.

- *Sprungtraining:* Das Sprungtraining soll die achsengerechte Landung stabilisieren. Achsengerecht bedeutet dabei, dass sich Hüft-, Knie- und Fußgelenk auf einer geraden Linie befinden.

  Eine einfache Übung ist das Hüpfen mit dem Springseil. Hier kann der Sprung über das Seil mit beiden Beinen kombiniert stattfinden oder ein Durchlaufsprung, bei dem sich beide Beine abwechseln.

  Auch kannst du dein Kind dazu motivieren von leichten Höhen gerade abzuspringen und sicher auf einer ebenen Fläche zu landen. Dabei eignen sich beispielsweise Baumstämme oder größere Steine (Findlinge) auf Wald und Wiese. Anfänglich solltest du sicherstellen, dass der Boden, auf den dein Kind aufspringt, eine sehr ebene Fläche bildet. Nach etwas Übung eignen sich auch

unebene Untergründe, beispielsweise im Wald.
Mithilfe eines Trampolins kannst du das Sprungtraining für dein Kind variieren. Da sich die Sprünge auf einem Trampolin intensivieren lassen und die Intensität selbst gesteuert wird, bekommt dein Kind schnell ein Gespür für Ursache und Wirkung eigener Kraftaufbringung. Die Übungen auf dem Trampolin lassen sich durch zusätzliche Aufgaben erschweren. Du kannst deinem Kind beispielsweise einen Ball zu werfen welchen es während der Sprünge fangen und dir wieder zurückwerfen soll.

- *Wasser in ein Glas füllen:* Du benötigst hierzu ein Glas, ein Tuch und einen Messbecher oder eine Kanne mit Wasser. Die Übung muss in einer ansonsten sehr ruhigen Umgebung durchgeführt werden. Nun verbindest du deinem Kind die Augen. Anschließend soll das Glas von deinem Kind gefüllt werden. Dabei soll als Ziel kein Wasser überlaufen. Nur durch die Geräusche, die beim Einfüllen entstehen, soll dein Kind herausfinden, wie voll das Glas ist. Es ist also absolute Aufmerksamkeit durch das Hinhören gefragt und Fingerspitzengefühl. Hat dein Kind noch keine Erfahrung, wird ihm das Glas anfänglich eventuell überlaufen. Achte also auf einen Untergrund, der im Zweifelsfall Feuchtigkeit verträgt und problemlos wieder abgewischt werden kann.

Überkreuzbewegungen und Training der Gehirnhälften

Die Überkreuzbewegungen oder Überkreuzübungen dienen der Förderung der Zusammenarbeit beider Gehirnhälften. Sogenannte Blockaden werden aufgelöst. Da die kognitive Leistung durch die Übungen verbessert wird, wirken sie sich direkt auf die

Konzentrations- und Gedächtnisfähigkeit aus. Die linke Gehirnhälfte ist für das rationale Denken zuständig, während die rechte Gehirnhälfte für Kreativität und Emotionen zuständig ist. Häufig ist eine dieser Gehirnhälften stärker ausgeprägt. Bei den meisten Menschen ist das die linke Gehirnhälfte, welche die rechte Körperseite steuert, was auch die höhere Anzahl von Rechtshändern begründet. Durch die Überkreuzübungen kann man das Gehirn dazu anregen, beide Gehirnhälften zu aktivieren und miteinander zu arbeiten. Neben einer Verbesserung der Konzentration und kognitiven Leistungsfähigkeit lassen sich auch Stress und Leistungsdruck durch die Übungen – wenn sie regelmäßig angewendet werden – reduzieren. Im Folgenden erhältst du kreative und einfach umsetzbare Überkreuzübungen, die du mit deinem Kind zusammen ausprobieren kannst. Die Schwierigkeit lässt sich bei den Übungen steigern. Die Übungen machen den Kindern Spaß und sollten in einem lockeren Kontext ausprobiert werden. Kommt man doch aus dem Rhythmus, was insbesondere Anfängern passiert, muss man unwillkürlich lachen, weil manchmal noch lustige durcheinandergeratene Bewegungsabläufe folgen.

- *Koordiniertes Krabbeln:* Viele Kinder überspringen die Krabbelphase und robben sich voran oder krabbeln nur sehr kurz, gehen dann direkt zum aufrechten Stand über. Die Eltern freuen sich darüber, jedoch fehlt hier ein Meilenstein in der Entwicklung der Zusammenarbeit beider Gehirnhälften. Diese Entwicklung kann man nachholen oder fördern. Dazu wird das koordinierte Krabbeln einfach nachgeahmt. Man stellt sich auf einem flachen, ebenen und festen Boden auf Hände und Knie. Die Hände sind auf gleicher Höhe, wie auch die Knie. Nun beginnt man abwechselnd zu krabbeln. Das heißt, das rechte Knie und die linke Hand werden zusammen bewegt, dann das linke Knie und die rechte Hand und immer so weiter. Oftmals zeigt sich ganz schnell, dass diese Übung schwierig ist, nach einigen Versuchen verbessert sich jedoch die Fähigkeit zu krabbeln deutlich.

- *Schunkeln mit Zahlen und Farben:* Beim Schunkeln sitzt man auf einem Stuhl in aufrechter Position. Wichtig ist, dass bei dieser Methode genug Abstand zu Sitznachbarn oder anderen Gegenständen wie Tischen, besteht. Dieses Spiel muss mindestens zu zweit gespielt werden. Es gibt einen der die Vorgaben macht. Zunächst beginnt man mit zwei Richtungen: links und rechts. Diese Richtungen werden mit Zahlen belegt, zum Beispiel Eins für links und Zwei für rechts. Sagt nun derjenige, der die Vorgabe macht Eins, wird nach links geschunkelt. So geht es weiter. Nun kann in mehreren Schritten der Schwierigkeitsgrad der Übung erhöht werden. Zunächst kommen die Vorwärts- und Rückwärtsbewegung hinzu, dementsprechend auch weitere Zahlen wie 3 für vorwärts und 4 für rückwärts. Um nun das Spiel noch schwieriger zu gestalten und unterschiedliche Regionen im Gehirn anzusprechen, kann man statt Zahlen für die Richtungen Farben benutzen. Die Farben, zum Beispiel kann man rot, gelb, grün und blau verwenden und jede einer Schunkelrichtung zuordnen, werden an einem anderen Punkt abgespeichert und sind daher von einer anderen neuronalen Region zu kombinieren. Natürlich kann man auch beliebige andere Farben verwenden oder von Mal zu Mal die Farben für die Richtungen verändern, genauso wie die Zahlen.
  Nun gibt es noch die Variante für Experten. Wenn die vorigen Übungsvorgänge wunderbar klappen, sollte man bei den angesagten Vorgaben die Farben und Zahlen mischen. Dadurch müssen im Gehirn die Areale

gewechselt werden und die bestmögliche Verbesserung kann erreicht werden.

- *Der Schuhplattler:* Dein Kind stellt sich mit beiden Beinen auf eine ebene Fläche, zum Beispiel einen Teppich oder eine Matte. Das rechte Bein soll gehoben werden und mit der linken Hand abgeklatscht werden. Dann wird gewechselt und das linke Bein gehoben und mit der rechten Hand abgeklatscht. Diese Übung kann dein Kind zunächst sehr langsam einüben und mit steigender Umsetzungsfähigkeit immer schneller werden.

3.5 Entspannung zur Förderung der Konzentration

Das Gehirn befindet sich natürlicherweise in verschiedenen Zuständen. Diese Zustände variieren, können aber willentlich beeinflusst werden. Im Schlafzustand arbeitet das Gehirn zum Beispiel anders als im Wachzustand. Damit sich das Gehirn erholen und die erforderlichen Informationen aus Lerninhalten abspeichern kann, ist ein entspannter Zustand hilfreich. Diese mentale Regeneration umfasst Techniken von autogenem Training oder Meditation.

Wie fördert Entspannung die Konzentration?

Die meisten Entspannungsverfahren entstanden bei der Behandlung psychischer, teilweise auch physischer Krankheiten. Die Verfahren wurden dabei genau begutachtet und untersucht, weshalb man heute genau weiß, was sie im Gehirn bewirken. Manche Verfahren muss man erst erlernen und üben, jedoch ist deren Wirkung später enorm. Vorrangig sind diese Techniken zur Stressreduktion gedacht, erst nebenbei hat man festgestellt, wie die Gehirnzustände sich durch die Anwendung verändern.

Durch die Anforderungen, die Entspannungsverfahren mit sich bringen, schulen sie bereits in der Erlernungsphase auch die Konzentration. Die Verfahren zielen darauf ab, sich auf Objekte, Situationen oder das innere Erleben zu fokussieren, gleichzeitig sollen störende Reize der Umgebung ausgeblendet werden. Nachweisbar ist ebenfalls, dass sich der Anwender während der Übung physiologisch beruhigt, was zu einem besseren Wohlbefinden beiträgt und neue Energien freisetzt. Diese Energie kann wiederum eingesetzt werden, um Lerninhalte und Konzentrationsaufgaben zu bewältigen. Nachfolgend werden selbst durchführbare Techniken erklärt, die du mit deinem Kind ausprobieren kannst. Dabei sind Techniken, die sich direkt vor oder zwischen den Hausaufgaben anwenden lassen.

Regelmäßige Pausen

Wissenschaftler haben herausgefunden, dass das Gehirn optimal arbeitet, wenn es neunzig Minuten tätig ist und darauf eine Entspannungspause von mindestens fünfzehn bis etwa dreißig Minuten folgt. Daraus begründet sich auch die Gestaltung der Unterrichtszeiten in der Schule. Du kannst bei deinem Kind zu Hause darauf achten, dass diese Zeiten ungefähr eingehalten werden und es regelmäßige Arbeitspausen mit einer richtigen

Entspannung für das Gehirn gibt. Bei Grundschulkindern kann dieser Zeitrahmen noch deutlich unter der Vorgabe von 90 Minuten liegen, er steigert sich mit zunehmendem Alter und Klassenstufe und bleibt bis in das Erwachsenenalter konstant.

Die Pausen sollten dabei wirklich als Pausen gestaltet sein und dem Gehirn etwas anderes, wie eine der nachfolgend genannten Entspannungsübungen anbieten. Auch einmal vom Tisch aufzustehen und sich zu bewegen hat enorme Auswirkungen gegen Müdigkeit und Erschöpfung.

- *Yoga:* Kinder-Yoga basiert auf dem gleichen Ansatz wie Yoga für Erwachsene. Beim Yoga für Kinder kommen vor allem Bewegungen beziehungsweise Figuren aus der Natur zum Einsatz, daher haben viele Übungen die Namen von Tieren oder Pflanzen oder Dingen aus der Natur, um für das Kind eine gute Verbindung zu schaffen und einen logischen Zusammenhang herzustellen. Yoga für Kinder regt die Sinneswahrnehmung an und fördert natürlich die Entspannung, durch Dehnen und Strecken des Körpers sowie eine angepasste Atmung.
  Yogaübungen, die du mit deinem Kind zu Hause machen kannst:
  Die Sonne
  Dein Kind sitzt in der Hocke. Es lässt Kopf und Arme ohne Anspannung nach vorn beziehungsweise nach unten hängen. Dein Kind imitiert die aufgehende Sonne, indem es aus der Hocke langsam in den Stand kommt und dabei die Arme immer weiter nach oben der Decke entgegenstreckt. Sobald die Arme nach oben gestreckt werden, sollte es ruhig und tief einatmen.
  Dann geht die Sonne wieder unter und ausatmend geht dein Kind in die Hocke zurück und senkt die Arme wieder

ab. Am Boden dürfen die Hände auf dem Boden abgestützt werden und der Kopf geht in eine lockere, hängende Haltung.

Die Katze

Dein Kind geht in die Vierfüßlerposition, wobei sich die Knie unter der Hüfte und die Hände unter den Schultern befinden sollten. Der Rücken sollte auf keinen Fall durchhängen, sondern sich in einer geraden Position befinden. Jetzt darf dein Kind einen runden Rücken wie eine Katze machen. Dabei geht der Kopf nach unten und das Gesicht in Richtung des Bauches, dein Kind soll versuchen, zu seinem Bauchnabel zu schauen.

Jetzt streckt sich die Katze und dein Kind nimmt den Kopf nach oben in den Nacken so weit es kann, lässt den Bauch durchhängen und geht ein wenig ins Hohlkreuz.

Danach geht es wieder zurück in die Grundposition.

Der Hund

Dein Kind geht wie bei der Übung Katze wieder in den Vierfüßlerstand. Jetzt wird das Gesäß nach oben gehoben, sodass Beine und Arme gestreckt sind. Arme, Oberkörper und Beine gehen dabei in eine Position, die einem Dach gleicht. Jetzt versucht dein Kind, die Fersen fest auf den Boden zu bringen, so nah es geht. Der Kopf befindet sich zwischen den Armen, sodass dein Kind seine Zehen beziehungsweise Füße anschauen kann. Danach begibt dein Kind zurück in den Vierfüßlerstand.

Der Baum
Dabei steht dein Kind aufrecht und dann den linken auf den rechten Fuß, die Knie sollen dabei locker bleiben. Dein Kind hebt die Arme und atmet dabei ein. Die Arme werden über dem Kopf zu einem Dach zusammengeschlossen. Diese Position sollte dein Kind ein paar Sekunden lang halten, dann wieder zurückgehen in die Ausgangsposition und die Übung mit dem anderen Bein wiederholen.

Die Brücke
Dein Kind legt sich rücklings auf den Boden und legt beide Arme locker neben den Körper auf den Boden. Die Beine sind aufgestellt, während die Fußsohlen den Boden berühren. Die Beine sollten hüftbreit platziert sein. Nun hebt dein Kind Gesäß und Rücken an, sodass eine Brücke gebildet wird. Dabei atmet es ein. Diese Position soll kurz gehalten werden, dann lässt es sich langsam wieder auf den Boden zurücksinken und atmet dabei aus.
Die einzelnen Übungen lassen sich jeweils zwischen Arbeitsphasen ausüben und müssen nicht im Zusammenhang stehen. Es kann jedoch eine längere Yogapause erfolgen, indem du aus den Übungen eine kleine Geschichte bildest, die dein Kind mit den Figuren entsprechend darstellen und durchspielen kann.

- *Meditation und autogenes Training:* Manchen Menschen ist im Alltag gar nicht bewusst, wenn sie sich in einem meditativen Zustand befinden (z. B. beim Autofahren oder in anderen Routinetätigkeiten). Diesen Zustand jedoch bewusst zu erreichen ist reine Übungssache. Es gibt viele Arten von Meditation. Das autogene Training ist auch eine Technik, um einen solchen Zustand im Gehirn zu kreieren und ist deshalb hier mit eingebunden. Bei der Meditation werden Geist und Körper entspannt. Nach der Meditation fühlt man sich weniger gestresst und angespannt, zudem hat das Gehirn die neue Energie, die es für die weiteren Tätigkeiten benötigt. Regelmäßige Meditationsübungen sorgen dafür, dass der Nutzer immer schneller einen tiefen Entspannungszustand erreichen kann.

Grundsätzlich gilt bei der Meditation, dass das Gehirn auf einen Gedanken, ein Gefühl oder ein Bild fokussiert wird und die Konzentration darauf gerichtet bleibt. Nicht selten kommen störende und ablenkende Gedanken, welche zwar registriert werden dürfen, ihnen aber keine Relevanz zukommen soll und sie dann wieder gehen.

Die am häufigsten genutzten Meditationstechniken sind die einer bildhaften/örtlichen Vorstellung, einer Atem-Zähl-Meditation und die Meditation mit einem Mantra.

Bei allen Methoden ist es wichtig, eine geeignete (Sitz-) Position zu haben. Natürlich können diese Verfahren auch im Liegen angewendet werden, jedoch sollen sie vorrangig für dein Kind vor, zwischen und nach den Hausaufgaben einsetzbar sein. Das ist möglich, indem dein Kind eine aufrechte und bequeme Sitzposition einnimmt. Die Beine sollten nicht überschlagen werden und die Hände können auf den Knien ruhen. Auch auf dem Boden sitzend lässt sich Meditation ausführen.

Bei der bildhaften Vorstellung geht es darum, sich einen Ort möglichst lebhaft und vollständig vorzustellen. Für dein Kind kann es hilfreich sein, eine Vorgabe zu haben oder eine kleine Entspannungsreise zu machen, die du

ihm vorliest. Dabei können die verschiedensten Orte ausgewählt werden, die deinem Kind angenehm erscheinen. Der Ort soll so genau wie möglich beschrieben werden. Bei einer Standkulisse dürfen die beruhigenden Geräusche der Wellen, die rhythmisch an das Ufer laufen nicht fehlen oder wie die lauwarmen Wellen um die Füße im Sand gleiten, während man am Ufer spazieren geht. Eine ruhige Sprech- und Erzählweise ist wichtig. Untermalend können auch leise klassische Musik oder passende Naturgeräusche abgespielt werden, die deinem Kind helfen, sich möglichst genau in die Situation gedanklich hineinzuversetzen. Es gibt hierfür vorgefertigte kleine Geschichten, welche für Kinder vorgesehen sind und eine Dauer von etwa drei bis vier Minuten haben. Du kannst dir aber natürlich auch selbst Geschichten von schönen Orten und Situationen ausdenken, die für dein Kind eine Entspannungssituation kreieren, in die es sich hineinversetzen kann.
Meditatives Atmen beginnt mit einer entspannten, tiefen Atmung. Dein Kind beobachtet dabei seinen Atem. Dieser sollte bis in den Bauch gehen, das heißt, der Bauch soll sich beim Ein- und Ausatmen auf und ab bewegen. Damit dein Kind weiß, wie es atmen soll, kann es sich einen kleinen Ballon vorstellen, der unterhalb des Bauchnabels sitzt. Während der Einatmung durch die Nase, bläst sich der imaginäre Ballon leicht auf, beim Ausatmen fällt er wieder in sich zusammen. Jetzt wird der Atem intensiv beobachtet und die volle Aufmerksamkeit darauf gelenkt. Immer beim Einatmen soll dein Kind weiterzählen bis 10, danach startet man wieder von vorne. Am besten ist es, im Stillen zu zählen, anfänglich kann dein Kind jedoch

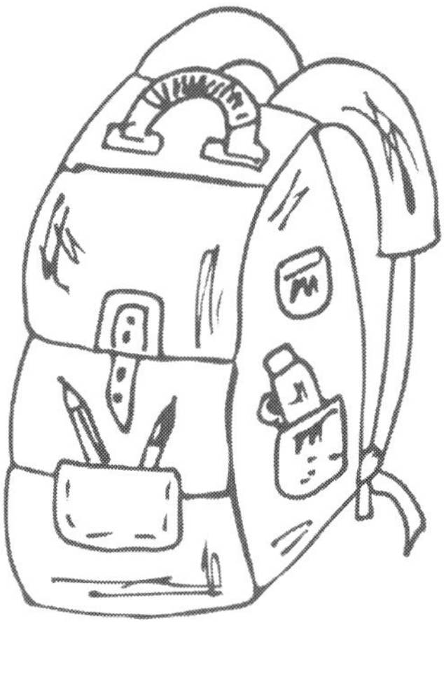

auch laut zählen und sich so an die Übung herantasten, die Augen sollten dabei geschlossen sein. Fehler beim Zählen sind unwichtig, da ja der Fokus auf der Atmung und nicht dem Zählen selbst liegt.
Wie du schon erkennen kannst, ist die Technik nicht nur sinnvoll, um in einen Entspannungszustand zu gelangen, sie trainiert auch nebenbei direkt die Konzentration, da dein Kind auf eine Sache fokussiert ist. Wenn dein Kind Schwierigkeiten hat bei dem einen Gedanken und der Fokussierung auf eine Sache, ist das völlig normal. So geht es fast allen Neulingen, dass die Gedanken abschweifen, sich ständig um andere Sachen drehen, dies vor allem zu Beginn der Meditationsübung. Es kann einige Zeit und einige Male dauern, bis es deinem Kind gelingt, sich ohne große Ablenkungen auf die Übung allein zu fokussieren. Wichtig ist, dass du es motivierst dabei und ihm mitteilst, dass das Geschehen normal ist und keinesfalls einen Mangel seiner Fähigkeiten darstellt.
Meditation mit einem Mantra funktioniert so, dass dein Kind einen Ton oder ein Wort wiederholt. Diese Wiederholung oder das Halten eines Tones kann dabei helfen, Ablenkungen im Geist zu vermeiden. Das grundlegende Vorgehen ist gleich dem meditativen Atmen. Nach ein paar tiefen Atemzügen kann dein Kind dann beginnen, sein Mantra zu wiederholen. Dies kann laut gesprochen oder in Gedanken sein, bei einem Ton sollte dieser aber akustisch hörbar sein.
Ein gutes Mantra kann dabei jedes beliebige sein und ein persönliches Mantra ist dafür nicht erforderlich. Das gewählte Wort sollte lediglich eine beruhigende Wirkung haben.

Eine solche Kurzmeditation kann dein Kind auch in der Schulpause ausüben, wenn ihm danach ist und es merkt, dass es ihm guttut.

Das autogene Training ist hingegen mit einer Suggestion verbunden. Ziel des autogenen Trainings ist es, das autogene Nervensystem zu regulieren, wozu Herzschlag, Blutdruck und Atmung gehören. Es basiert auf der Kraft der Suggestion, die physische Veränderungen bewirkt. Diese Suggestion können vor allem Bilder sein, diese werden vom Unterbewusstsein aufgenommen und an den Körper vermittelt. Die Vorstellung einer Veränderung im Körper führt die Veränderung herbei. Am Ende folgt ein tiefes Gefühl der Entspannung.

Das autogene Training verwendet viele Suggestionen und Bilder, die beiden bedeutsamsten sind aber Wärme und Schwere.

Dein Kind nimmt eine bequeme Position ein und beginnt mit geschlossenen Augen einer Suggestion zu folgen. Diese kann in etwa so aussehen:

Ich bin ruhig ... mein rechter Arm ist warm und schwer ... ich kann fühlen wie die Wärme und Schwere in meinen rechten Arm fließen ...

Diese Suggestion wird ein paar Mal wiederholt und kann auch auf beide Arme erweitert werden beziehungsweise im Verlauf gewechselt. Dein Kind soll dabei seinen Arm und seine Hand sehr bewusst beobachten und wahrnehmen. Der Arm oder ein anderes Körperteil wird dabei tatsächlich wärmer und schwerer werden. Nachdem dein Kind die Übung beendet hat, sollte es noch einen Augenblick still und ruhig in seiner bequemen Position bleiben und erst danach wieder die Arbeit an den Hausaufgaben oder Lernübungen aufnehmen.

In jeder Pause kann ein anderes Körperteil einbezogen werden.

Manchen Kindern ist diese Suggestion nicht wirksam genug, sie können die Vorstellung nicht ohne ein konkretes Bild umsetzen. Hier hilft ein konkretes Bild, welches sich dein Kind vorstellen kann. Folgende Bilder können dabei sehr hilfreich sein:

- Ein heißes Schaumbad, in dem es liegt
- In einer Liege in der Sonne entspannen
- Gewichte an Armen oder Beinen hängen haben
- Ein Wärmekissen auf dem Körperteil

Diese Visualisierungen helfen deinem Kind eine bessere Vorstellung und Verbindung zu den Suggestionen zu bekommen.

- *Progressive Muskelentspannung*: Bei der progressiven Muskelentspannung kommt man von der Anspannung zur Entspannung. Der Ansatz der Methode ist, dass viele gar nicht merken, wenn oder ob ihre Muskulatur angespannt ist. Die Technik hat sich als sehr effektiv für das Lösen von Muskelverspannungen und die Förderung von Entspannungszuständen bewährt.

  Dein Kind beginnt mit der progressiven Muskelentspannung, indem es einen Muskel bewusst anspannt. Dabei bemerkt es, wie sich die Anspannung anfühlt. Die Anspannung wird etwa zehn Sekunden gehalten, dein Kind darf also bis zehn zählen und dann die Anspannung langsam lösen und etwas Angenehmes, nämlich die Entspannung folgen lassen. Diese Technik wird auf unterschiedliche Muskelgruppen projiziert und entsprechend wiederholt. Der Effekt danach ist ein entspannter und viel weniger gestresster Zustand.

Für die Vorbereitung ist es nur wichtig, eine bequeme Sitzposition einnehmen zu können.

Damit dein Kind eine Bewusstheit für Anspannung und Entspannung entwickelt, solltest du mit einfachen Muskelgruppen anfangen. Dazu kann dein Kind seine Hand oder beide Hände anspannen. Es braucht einfach nur eine fest geschlossene Faust machen und auf die Anspannung in der Hand und dem Unterarm achten, denn dieser wird mit angespannt. Die Anspannung soll erkannt und wahrgenommen werden. Dazu ist es nicht erforderlich, dass die volle Kraft eingesetzt wird. Sobald Schmerzen auftreten, sollte die Anspannung etwas gelockert werden.

Ist die Spannung richtig aufgebaut, soll sie für mindestens sieben bis zehn Sekunden gehalten werden. Danach soll dein Kind die Spannung wieder lösen. In diesem Fallbeispiel öffnet es langsam die Faust. Auch hier soll dein Kind wieder intensiv erkunden, wie sich der Unterschied zwischen Anspannung und Entspannung anfühlt. Die Entspannung soll etwa 30 Sekunden gehalten werden, danach kann die Übung mit der gleichen Muskelgruppe wiederholt werden. Ist die Übung beendet, kann eine andere Muskelgruppe folgen. Ist die progressive Muskelentspannung für Arbeitspausen vorgesehen, lassen sich innerhalb von zwei bis drei Minuten die Muskeln einer Muskelgruppe trainieren. Es ist nicht wichtig, dass alle Muskeln durchgegangen werden, sondern nur jene, die häufig verspannt sind, sollten vermehrt durch die Übungen angespannt und entspannt werden. Der Effekt wirkt sich ganzheitlich aus, nicht nur für die jeweilige Muskelgruppe selbst.

Eine Variante für eine Pausenübung ist die einheitliche Muskelentspannung und Anspannung. Um diese Übung erfolgreich machen zu können, ist es aber wichtig, die schrittweise Version zu beherrschen. Dein Kind sollte also zunächst nur mit einzelnen Muskelgruppen die progressive Muskelentspannung ausüben. Die einheitliche Übung kann sitzend oder liegend durchgeführt werden.

Dein Kind ballt beide Hände zu Fäusten, beugt beide Arme, hebt die Beine bis ein mäßiger Grad an Anspannung zu spüren ist, es zieht sein Gesicht zusammen, indem es die Augen zukneift, die Augenbrauen zusammenpresst und die Zähne zusammenbeißt. Zuletzt werden noch die Schultern bis zu den Ohren hochgezogen. Das alles sollte möglichst gleichzeitig geschehen. Hilfreich ist es, die einzelnen Parts mit deinem Kind vorab schon möglichst genau durchzugehen. Die Anspannung braucht nicht so lange gehalten werden, wie jene bei den Einzelübungen, es reichen fünf bis sieben Sekunden aus. Danach entspannt dein Kind alle Muskeln gleichzeitig, indem es die Beine auf den Boden fallen lässt, die Arme neben sich sinken lässt und den Rest des Körpers in eine entspannte Position zurückführt. Die Übung kann in einer Pause auch wiederholt werden, die Entspannung sollte jedoch mindestens

30 Sekunden gehalten werden, bevor eine neue Übung oder eine Weiterarbeit erfolgt.

Impressum:

Die Autorin wird vertreten durch:
Tom Bernhardt, Spittelleite 6, 96450 Coburg,
tom.ber@live.de
Lektorat:
Tina Müller (www.tina-mueller.com)
Verantwortlich für den Druck:
Amazon Distribution GmbH, Leipzig
Bildnachweise:
Hand by Tatyana from the Noun Project
© pixelliebe; © strichfiguren.de; © Matthias Enter; © す～ロン
Brain by Creative Stall from the Noun Project